湖 南 大 学 出 版 社
图书出版基金资助项目

湖南省哲学社会科学基金青年项目（21YBQ014）

刑事证据印证规则研究

林 婧 ◎ 著

湖南大学出版社·长沙

图书在版编目（CIP）数据

刑事证据印证规则研究／林婧著. －－ 长沙 ：湖南
大学出版社，2024. 8
ISBN 978-7-5667-3542-3

Ⅰ. ①刑… Ⅱ. ①林… Ⅲ. ①刑事诉讼-证据-研究
-中国 Ⅳ. ①D920.4

中国国家版本馆 CIP 数据核字（2024）第 081130 号

刑事证据印证规则研究
XINGSHI ZHENGJU YINZHENG GUIZE YANJIU

著　　者	林　婧
责任编辑	谌鹏飞
印　　装	长沙市雅捷印务有限公司

开　　本：710 mm×1000 mm　1/16		印　　张：15.5　字　　数：221 千字	
版　　次：2024 年 8 月第 1 版		印　　次：2024 年 8 月第 1 次印刷	
书　　号：ISBN 978-7-5667-3542-3			
定　　价：72. 00 元			

出 版 人：李文邦
出版发行：湖南大学出版社
社　　址：湖南·长沙·岳麓山　　　　邮　　编：410082
电　　话：0731-88822559（营销部），88821691（编辑室），88821006（出版部）
传　　真：0731-88822264（总编室）
网　　址：http://press.hnu.edu.cn
电子邮箱：presschenpf@qq.com

前　言

2012 年修正后的《中华人民共和国刑事诉讼法》针对证明标准在原来证据确实、充分的基础上增加了排除合理怀疑的规定，这一规定有助于法官更好地把握此前十分抽象的证明标准。但是，合理怀疑本身也是个抽象的问题，何为合理怀疑、合理怀疑的边界在哪里仍不明晰。换言之，在证明标准法定化的情况下，法官采信证据的过程、判断案件证据是否达到证明标准的路径并不清晰。可见，光有作为证明活动目标的证明标准并不足以引导法官认定案件事实，还需要法律设置一套通往证明标准的过程管理规则。刑事证据印证规则本质上是一种判断证明标准的过程管理规则。刑事证据印证和刑事证据链是一个问题的两个方面，刑事证据间的印证关系是刑事证据链的实质内核，刑事证据链则是刑事证据间印证关系的外在表现。因此，刑事证据印证规则亦即刑事证据链规则。印证是我国司法实践的经验总结，一直以来，证据相互印证、形成完整的证据链是我国刑事法学界和实务界口口相传的惯用表达。2004 年学者龙宗智对刑事印证理论进行抽象提炼后，关于印证的研究成果陆续涌现出来，尤其是2018 年以来，这方面的学术文章开始明显增多，但尚未出现以印证或证据链为研究对象的专著。当前，以印证为研究对象的学术成果大多是从规则以外的层面来阐释的，只有几位学者提出印证是一种证据规则，但仍未从应然的理论立场深入探讨刑事印证规则的系统构成，印证或证据链的基本内涵、性质、功能、效力等都处于模糊不清的状态。基于此，笔者试图通过分析刑事证据印证规则的内涵、价值、形成基础等，从宏观结构、微观构造、特殊规则等三个维度探究刑事证据印证规则的具体规则构成，对刑事证据印证规则的立法构建提出具体设想，从而为我国证据规则的理论研究和刑事立法与司法的完善尽绵薄之力。本书所讨论的刑事印证规则或刑事证据链规则，指的是法官于刑事审判阶段所运用的综合评判证据证明力的规则，并不包括其他诉讼阶段其他诉讼参与者收集、审查、判断、运用证据的情况。刑事证据印证规则或刑事证据链规则是关于刑事证据形成完整、闭合、稳定的证据链应具备的一系列条件的规范的总称。

本书由导论、刑事证据印证规则的概念解析、刑事证据印证规则的理论基础、刑事证据印证规则的宏观结构、刑事证据印证规则的微观构造、刑事证据印证特殊规则、结语等七个部分组成。

第一章为本书导论，阐述了研究背景和选题意义，梳理了当前印证理论的相关研究成果，概述了刑事证据印证规则的研究现状，分析了当前刑事证据印证规则研究的不足和有待突破之处，明确了研究的思路、方法，简要总结了研究的若干创新点。

第二章为刑事证据印证规则的概念解析。印证主要涉及对单个证据证明力大小的评价和对全案证据证明合力是否达到证明标准的判断。作为印证关系的外在表现的证据链呈现扇形结构。从广义层面来看，印证是证明论体系中的一部分，证明是印证的上位概念。从狭义层面来看，证明是印证的基础，印证是多重证明形成的具有非加和性的证明体系，产生印证的综合证明力大于任意一个证明关系的证明力。法定证据制度下的两个以上证据构成的所谓完整证明，实质上多是由不适格证据形成的形式印证、虚假印证。刑事证据印证规则是一项与自由心证证据制度相兼容的证据规则。我国逻辑法则和经验法则尚不完备，完善和适用融合逻辑理性和经验理性的刑事证据印证规则是一个可行的路径。刑事证据印证规则隶属于证明力规则中的相关性引导规则，它受证明标准规则的引导，完整稳定的证据链应符合法定证明标准。

第三章为刑事证据印证规则的理论基础。从融贯论的视角来看，刑事证据链是一个逻辑自洽的证明体系，证据之间之所以能相互印证、形成完整的证据链，是源于证据包含的证据信息具有同一性。只有与其他证据逻辑一致的证据才能被放到证据链上。刑事证据印证规则还需要获得符合论的支持，刑事证据链上的证据既要有证明资格，又要证据本身真实可靠、符合待证事实。足以认定案件事实的最佳解释对证据集合中的证据覆盖度最高，且结构良好、前后协调并达到排除合理怀疑的证明程度。叙事理论展示裁判者的心证形成过程，为指引裁判者构建故事提供日趋完善的故事结构的分析框架。管理学的基本规律和一般方法同样适用于刑事司法证明活动，证明标准规则负责结果控制，刑事证据印证规则致力于过程管理。厘清刑事证据印证规则是优化司法资源配置和构建本土化证据规则的需要。设置和适用刑事证据印证规则要合乎程序正义原则，符合实体正义原则，满足诉讼效率原则。

第四章为刑事证据印证规则的宏观结构。刑事证据印证规则的宏观结构面向的是刑事证据印证基础规则，是指刑事证据形成完整的证据链应符合的前提性规则和基础性要求，是刑事证据印证规则的根基。主要包括争点导向规则、可采性优化规则、最低数量规则等外部证成子规则。争点导向规则是指同一条证据链上的证据都应当以争点为中心，对争点有证明作用，强调的是证据的实质性。争点不是客观事实本身，而是证明主体对作为认识对象的客观事实的认识。争点是审判者组合证据、构建证据链的核心。刑事证据印证系统的法定争点指的是实体法事实，意定争点主要指证据法事实。可采性优化规则的设置旨在促使证据准入的审查和证明力审查相分离，破除证据审查的扁平化，构建起立体化的证据审查机制，从而防止虚假证据混入证据链中形成虚假印证并滋生刑事冤案。可采性优化是一个从证据筛选到证据评价再到证据采信的过程,对于该采纳哪些证据,还需经过庭审质证程序的考验,即通过控辩双方交叉询问,对指向同一待证事实且都具有可采性但相互矛盾的证据,由法官考虑质证情况,采纳更具有说服力的证据作为定案根据,相比之下证明力不足者则不予采信。最低数量规则是对形成证据链的证据的正向数量要求,是对单项证据之证明力的限制规则,它指的是形成证据链的证据不得少于两项。只要案件的任一争点仅有一项证据证明,对该争点而言,该证据即为孤证。孤证不能定案是对构成要件事实的证明要求。对程序法事实、证据法事实的证明,达到优势证明标准,就可以认定事实成立。

第五章为刑事证据印证规则的微观构造。刑事证据印证规则的微观构造面向的是刑事证据印证基本规则,是指刑事证据在合乎宏观结构的规则要求之后形成闭合、稳定的证据链条应当满足的进阶要求,是刑事证据印证规则的核心和主干。主要包括独立来源规则、综合效力规则、反印证消除规则、禁止重复证明规则等内部证成子规则。独立来源规则要求指向同一争点的证据原则上应当具有独立的信息来源,信息来源不同的证据相互印证,为各自的证明力提供了担保,也增强了案件事实的可信性。审查证据来源主要为了判断证据在来源上是否受到污染、是否有独立的证明价值。独立来源规则并不是要求全案证据之间在证据来源上彼此独立,而是强调证据来源的相对独立性,从而提示裁判者来源混同会减损印证效果,出自同一来源的看起来相互印证的证据之间是存在虚假印证的可能性的,不能单独依靠多个同源的有罪证据来构建证据链。综合效力规则是指用于评价相互印证的证据形成的证据集合的综合效力的规则,即用于评价单个证据链的综合效力以及进而评价全案证据链的综合效力的规则。在定罪程序中,证据综合效力的判断以犯罪构成要件为中心,对指向每一争点的证据形成的证据链的证明力是否达到排除合理怀疑的程度进行考察。随后，对所有证据之集合的证明合力是否达到足以排除合理怀疑的程度进行考察。法官评价综合证明力需要借助其他证明力规则、逻辑规则和经验法则。综合判断控诉证据和辩护证据，一旦发现合理怀疑就会导致证据链断裂，此即反印证现象。反印证可能出现于控诉证据之间，也可能出现在内容相矛盾的控诉证据与辩护证据之间。反印证消除规则指的是，证据之间出现反印证现象时，需要通过新的证据形成印证来消除合理怀疑。合理怀疑，既涉及证据链条是否合乎经验理性的问题，也涉及不同证据之间的证据信息差异问题。如果证据信息之间的差异是影响定罪量刑结果的重要差异或者是不能被理解和接受的不合理差异，则该案无法排除合理怀疑，裁判结果有利于被告人。禁止重复证明规则是对证据链的证明程度的逆向要求，即反对通过一味堆砌证据来认定案件事实。重复证明的证据都具有可采性，但重复证明的证据数量的增加不会使综合证明力变大。在一定限度内，证据数量的增多与综合证明力的提高呈正相关，超出这一范围即待证事实已达到证明标准，综合证明力则趋于饱和，并不因为证据数量的持续增多而提升。

　　第六章为刑事证据印证特殊规则。重点剖析了补强规则、辅助证据规则、隐蔽性证据规则、量刑事实的印证规则等子规则。从补强的内容来看，补强规则可以分为对口供的补强、对被害人陈述的补强、对普通证人证言的补强。言词证据可能存在虚假性，因此需要补强证据来担保其证明力。从补强的方式来看，主要有两种：其一，其本身对待证事实有证明作用，通过与主证据相印证提升主证据的证明价值；其二，其无法证明案件事实仅用于支持主证据的真实性，主要为证明证人之作证资格、取证程序合法等。用于证明证据法事实的补强证据即辅助证据，与之相对应的主证据则称为实质证据。补强规则中最为核心的部分仍然是口供补强规则。我国刑事立法仅规定口供补强规则。辅助证据的证明对象是证明力事实，即实质证据的真实性、可靠性问题。辅助证据规则有利于推进证明标准具体化和司法证明精细化，细化证据链规则的内涵，提升质证质量，减少因虚假印证导致的刑事冤案。辅助事实宜类比适用优势证明标准。和实质证据一样，辅助证据的真实性、合法性应当接受双方的交叉询问。隐蔽性证据规则旨在通过口供获得的隐蔽性证据来补强口供，是口供补强规则的一种特殊形态。隐蔽性证据需要与口供以外的其他证据印证以获得独立性保证和检验，不能和其他证据相印证的隐蔽性证据应当排除。应从源头确保口供的自愿性、合法性、真实性，口供不可靠时，隐蔽性证据不具有可采性。一旦隐蔽性信息公开，譬如案外人也能获知隐蔽性信息，就不适用隐蔽性证据规则。根据是否与定罪事实重合，量刑事实可以分为混合量刑事实和纯粹量刑事实。混合量刑事实因与定罪事实重合，需严格证明；纯粹量刑事实则需要区分量刑的倾向性来决定是采严格证明的立场还是自由证明的立场。通常而言，对于需要判处死刑和从重量刑的，量刑事实采严格证明的立场；其他量刑情节，则采自由证明的立场，不需要达到高度盖然性的证明标准。

结语部分对全书的核心观点予以提炼，并对我国刑事证据印证规则的前景进行展望。

目　次

图表索引

第一章 导 论

一、研究背景与意义

我国刑事司法长期奉行的是证据确实、充分的证明标准，这一证明标准明确了认定事实的证据的质量和数量的要求，[①] 但并未体现法官对案件事实形成内心确信的程度。这一局面在 2012 年之后有所改变。2012 年修正后的《中华人民共和国刑事诉讼法》（以下简称《刑事诉讼法》）针对证明标准增加了排除合理怀疑的规定，这在一定程度上有助于法官更好地把握此前十分抽象的证明标准。但是，合理怀疑本身也是个抽象的问题，何为合理怀疑、合理怀疑的边界在哪里仍不明晰。换言之，在证明标准法定化的情况下，法官采信证据的过程、判断案件证据是否达到证明标准的路径并不清晰。可见，光有作为证明活动目标的证明标准并不足以引导法官认定案件事实，还需要法律设置一套通往证明标准的过程管理规则。刑事证据印证规则本质上是一种判断证明标准的过程管理规则。从刑事证据印证与刑事证据链的关系来看，二者互为表里，类似于一个硬币的两个面，刑事证据间的印证关系是刑事证据链的实质内核，刑事证据链则是刑事证据间印证关系的外在表现，因此，刑事证据印证规则亦即刑事证据链规则。

---

① 王舸：《案件事实推理论》，中国政法大学出版社 2013 年版，第 248 页。

在 2004 年有学者对刑事印证理论进行抽象概括之前,[1] 证据相互印证、形成完整的证据链尽管一直是刑事法学界和实务界惯常表达的术语之一,但证据链或印证的基本内涵、性质、功能、效力等都处于模糊不清的状态。2010 年最高人民法院等部门联合发布的《关于办理死刑案件审查判断证据若干问题的规定》(以下简称《证据规定》)首次提到印证一词,此为印证法定化的开端。[2] 随后,2012 年修正后的我国刑事诉讼法吸收上述规定的合理内核,在第 53 条规定"证据确实、充分"的条件时进一步明确了印证的要求,此为印证首次出现于高位阶的国家法律之中。[3] 同年《最高人民法院关于适用〈中华人民共和国刑事诉讼法〉的解释》(以下简称《解释》)中先后用 8 个条文进一步阐述了印证在证据审查判断过程如何发挥效用,其中,第 74 条、第 78 条、第 80 条、第 83 条、第 105 条、第 106 条、第 109 条等 7 个条文明确使用印证一词,第 104 条第 3 款虽然没直接使用印证的表达,但其内容实际上就是指印证。[4] 2017 年《人民法院办理刑事案件第一审普通程序法庭调查规程》第 48 条、第 51 条、第 52 条等条文阐述了审理者应当如何运用刑事证据印证规则进行认证。2018 年发布的《中华人民共和国监察法》(以下简称《监察法》)第 40 条申明了印证、证据链在办案中的重要性。在此过程中,刑事证据链规则从纯粹作为经验法则的证据评判方法上升为法定的证据

---

① 龙宗智:《印证与自由心证——我国刑事诉讼证明模式》,载《法学研究》2004 年第 2 期,第 107-109 页。

② 该规定在关于证据的综合审查部分的第 33 条提道,没有直接证据时,如果经查属实据以定案的间接证据之间相互印证,在同时符合若干条件的情况下可以认定被追诉人有罪。因此,该规定是我国刑事证据印证规则的立法滥觞,开启了刑事证据印证规则法定化的道路。

③ 该法第 53 条第 1 款规定了口供补强规则,提到不能直接单纯凭借作为直接证据的口供来认定被告人罪行和确定被告人的刑罚,如需认定被告人罪行和确定被告人的刑罚,还需要结合其他证据。这一条款确定了直接证据的印证要求。由此,我国对间接证据的印证要求、对直接证据的印证要求皆已入法。第 53 条第 2 款吸收了 2010 年《证据规定》的合理内核。因此,该条文标志着我国在狭义的国家法律层面确立起刑事证据印证规则。该条文在 2018 年刑事诉讼法修改后调整为第 55 条。

④ 它事实上提出了印证的基本要求与内涵。

规则。以上规定则共同构成了我国刑事证据印证规则的法律指引。

2019 年 2 月，最高人民法院发布的司法改革白皮书显示，2013 年至 2018 年，我国法院通过再审改判平反了 46 起刑事冤案。[①] 随着刑事冤案相继出现在公众视野，公众在反思刑事司法制度之余，也开始质疑刑事证据印证规则或曰证据链规则——为何在追求印证的情况下还会酿造冤案的悲剧。诚然，刑事冤案暴露的是刑事司法制度这一系统存在问题，而系统性的问题则是系统中失调的要素共同作用的结果。刑事冤案的生成，既关乎司法管理制度的问题，也涉及诉讼程序制度的疏漏，还和证据制度的不健全息息相关。越来越多的人对刑事证据印证规则的合理性和正当性提出了质疑，甚至有学者认为，从运作效果来看，刑事证据印证规则不仅未能有效遏止冤案的发生，甚至一些冤案的发生在某种程度上就是印证的结果。[②]

这些都引发我们去反思，司法实践所依据的刑事证据印证规则或刑事证据链规则是否有漏洞，是否存在适用错误？从已曝光的刑事冤案来看，当初判决所认为的相互印证、形成完整证据链的定案依据中有不少违背了刑事证据链规则的应有之义：或定案根据本身不具有证据资格，或证据缺乏独立来源而真实性存疑，或存在伪造证据，或对于相互冲突的证据无视合理怀疑，存在人为隐匿、排除无罪证据而形成虚假印证等。一方面，在刑事证据印证规则缺乏内容的系统设计、规则体系不明晰的情况下，司法人员选择适用、简易适用刑事证据印证规则。[③] 另一方面，作为法定证据规则的刑事证据印证规则本身的法律指引不足，为司法人员僵化适用该规则提供了余地，一定程

[①] 最高人民法院：《中国的司法改革（2013—2018）》，人民法院出版社 2019 年版，第 21 页。

[②] 左卫民：《"印证"证明模式反思与重塑：基于中国刑事错案的反思》，载《中国法学》2016 年第 1 期，第 164 页。

[③] 司法人员对刑事证据印证规则的认识和适用存在较大差异，见附录中有关司法人员的问卷调查结果。

度上催生和助长了高度倚重口供的司法惯性,[①] 也有损于诉讼结果的可预测性和民众对证据裁判的信赖。[②] 刑事证据印证规则属于证据证明力规则的基础性规则。加深对该规则的研究对于提升证据规则研究的总体理论水平具有重要意义。刑事立法、司法和刑事理论研究相互影响、相互促进。印证效果的异化,一定程度上源于刑事证据印证规则的立法粗疏,这有赖于对刑事证据印证规则构成的深入研究和理论突破。立法和司法实践呼唤完备的刑事证据印证规则理论体系。[③]

二、研究现状与评述

(一) 研究现状

1. 国内研究现状

国内学术界对印证问题展开研究的,主要有四川大学的龙宗智和左卫民、北京大学的陈瑞华、南京师范大学的李建明、中国政法大学的吴洪淇和栗峥、吉林大学的杨波、江西财经大学的谢小剑等学者,以及陈为钢、蔡作斌等司法实务工作者。

一直以来,学界对刑事证据链或刑事印证的讨论多停留在整体主义认知模式层面,学者李建明和陈瑞华主张,印证是采信某一证据和根据全案证据认定案件事实的规则。[④] 尽管并未对规则的构成展开论述,但这是学界首次将印证规则视为一个独立的证据规则类型。之

---

① 杨建文、张向东:《印证规则与刑事错案预防》,载《法律适用》2013 年第 6 期,第 43 页。

② 马贵翔:《证明模式转换的必要性与现代证据规则》,载《证据科学》2009 年第 2 期,第 138 页。

③ 本书开展的面向来自法院、检察院和律师事务所的有刑事办案经验的实务界人士的关于刑事证据印证规则的相关问题的问卷调查,共收回 328 份有效答卷。我们发现,对于特定情形,两个证据之间是否形成印证关系,大家的看法各有不同。详见附录二的第一部分。

④ 李建明:《刑事证据相互印证的合理性与合理限度》,载《法学研究》2005 年第 6 期,第 26 页;陈瑞华:《论证据相互印证规则》,载《法商研究》2012 年第 1 期,第 112–113 页。

后，学者向燕在此基础上提出，刑事印证应当区分为作为柔性的整体主义认知模式的印证和作为刚性的法律规则的印证，刑事证据印证规则包括依间接证据定案的印证规则、口供补强规则和先供后证规则。① 从当前可获取的文献来看，这是我国学界首次正式对刑事证据印证规则的内容进行梳理。但其将研究重点放在刑事证据印证规则和程序机制的互动关系上，主张通过引入和完善正当程序来避免刑事印证的弊端。其研究重心不在刑事证据印证规则的内容本身，仅在证据规则立法尚不完备的情况下，从实然的《刑事诉讼法》及《解释》归纳出刑事证据印证规则的内容，② 且是一笔带过，未从应然的理论立场深入探讨刑事证据印证规则的系统构成。

2. 国外研究现状

英美法系国家对证据规则的研究历来繁浩，大陆法系国家也在规范自由心证的背景下日渐加强了证据规则的制度建设与研究。当代西方对证据证明力规则的研究呈现出两个特征：一方面，传统的定性研究持续进行，如试图对排除合理怀疑进行界定，反思排除合理怀疑的模糊性和局限性（Youngjae Lee，*Reasonable Doubt and Moral Elements*），深入阐述逻辑证明的基本规则等（David S. Schwartz，*A Foundation Theory of Evidence*；威廉·特文宁，《证据理论：边沁与威格摩尔》）；另一方面，西方法学者尝试开展定量研究，站在事实判断者的角度试图对得出司法结论的逻辑证明过程进行量化，引入贝叶斯定理、似真性理论（Nicholas Rescher，*Presumption and the Practices of Tentative Cognition*），还有学者则根据先例中的证据群探索出逻辑证明的基本规则和构建证据与待证事实之间的逻辑链条的图示法等（William Twining，*Rethinking Evidence：Exploratory Essays*；*J.*

---

① 向燕：《"印证"证明与事实认定——以印证规则与程序机制的互动结构为视角》，载《政法论坛》2017 年第 6 期，第 17-19 页。

② 依间接证据定案的印证规则来自《解释》第 105 条，口供补强规则来自《刑事诉讼法》第 54 条，先供后证规则来自《解释》第 106 条。见向燕：《"印证"证明与事实认定——以印证规则与程序机制的互动结构为视角》，载《政法论坛》2017 年第 6 期，第 17 页。

H. Wigmore，*The Science of Judicial Proof：As given by Logic，Psychology，and General Experience，and Illustrated in Judicial Trials*；Terence Anderson，David Schum and William Twining，*Analysis of Evidence*）。

依据当前所掌握的资料，尚未发现专门研究刑事证据印证规则或者刑事证据链规则结构的系统研究成果。从现有的证据立法和学术研究成果来看，西方国家并不存在我国刑事法学界和实务界所称的印证规则，虽然存在 corroboration rule（我国学者译为补强规则）这一证据规则，但该规则与我国的印证规则在基本内涵、适用范围①、效果等方面都有所不同，加之我国和域外的证据准入制度不同，譬如，域外用于支持实质证据的真实性和可靠性以增强实质证据的证明力但无法证明案件事实的这一类补强证据（有学者称之为补助证据、辅助证据），在我国并不被视为证据链中的证据。再如，英美法系国家允许相似事实证据在一定条件下作为刑事案件定案证据，而在我国刑事法中则没有相对应的证据能力规则，相似事实证据难以成为我国刑事证据链中的证据。易言之，刑事证据印证规则是一种根植于中国司法实践的具有中国本土特色的证据规则。

尽管如此，域外基于法哲学、法律心理学等交叉学科以及证据法学本身丰富的研究成果，如对于哲学上融贯论、符合论、最佳解释、溯因推理的研究，法律心理学上提出的故事模型理论和锚定叙事理论以及证据法学长期以来探讨的排除合理怀疑等研究，可以为研究我国的刑事证据印证规则的理论基础、规则构成等提供理论支持和思考方向。

（二）总结与评价

从印证的含义研究来看，纵使学术界对印证的含义的表述不尽

---

① 补强规则仅针对部分在性质上存在着较强的不可靠风险的言词证据，如被告人口供、特定种类的证人证言等。

相同，但基本认可印证意味着不同证据相互证明，具有内含信息的同一性。[①]　这里的同一包括信息内容的同一和指向的同一。

从印证的特征来看，大体上对印证的基本特征能够形成以下几点基本共识。其一，证据与证据之间都共同指向同一待证事实。相关性是证据的天然属性，因而，具有相关性的证据都会通过推论链条与某一待证事实连接起来。其二，不同证据的内含信息之间不存在冲突和矛盾。其三，不同证据之间可以彼此证成，其证明合力大于任意一个证据对待证事实产生的单独的证明力。

从印证的具象构造来看，个别学者对证据链的结构进行了研究，主张证据链是指由两个或两个以上不同的证据链节（即证据，包括链头和链体）所构成的、通过链头的相互联结形成联结点的证据集合体。[②]　从结构来看，刑事证据链是由证据链节和证据联结点组成。从外形来看，单一证据无法形成证据链。证据链是证据之集合，证据链应当由至少两个证据组成。从内容来看，同一条证据链上的证据之间存在联结点，当两个证据之间在内容上可以相互印证时，联结点得以出现。[③]　恰恰是证据联结点的存在，多个零散的证据链节得以串联起来。从目的来看，刑事证据链理论是用于分析证据和证据集合的证明力，进而证明案件事实，为判断被追诉人被指控的犯罪事实是否成立以及罪责之轻重服务。

纵观现有的关于刑事证据印证规则的研究成果，大体可以将尚待补足之处归纳如下。

第一，就印证的含义来看，对其诠释和剖析依旧不够精准。这种基础理论研究的缺失在很大程度上减损了刑事证据印证规则适用的

---

① 学者龙宗智率先提出印证的内核在于不同证据内含信息的同一性。之后，学者陈瑞华、吴洪淇等也在其论述中对此予以认可。

② 蔡作斌：《证据链完整性的标准及其审查判断》，载《律师世界》2003 年第 3 期，第 11 页。

③ 陈为钢：《刑事证据链研究》，载《国家检察官学院学报》2007 年第 4 期，第 128-129 页。

合理性与准确性。刑事证据印证规则遭遇的误解与批判在一定程度上是源于对这一根本性问题研究的匮乏。[①]

第二，就刑事证据印证规则产生证明效果的机理来说，依然欠缺方法论视角之下的强有力的论证。这种缺失也是印证理论遭受质疑的关键原因之一。具言之，一方面，方法论的缺失使得人们对刑事证据印证规则的证明效果缺乏有效解释，另一方面也导致办案人员在运用刑事证据印证规则时，难以从方法原理上去审视和判断自身是否在合理限度范围之内运用该规则，以及分析自身运用该规则的方式是否适当。而这也是司法人员在适用刑事证据印证规则时各有不同，以及部分情况下出现错误印证或者过度印证两种极端的根源所在。

第三，就刑事证据印证规则的适用范围和适用过程而言，仍然缺乏清晰的技术性指引。具体而言，一个有效的、完整的、合理的印证应当具备哪几种要素，应当达到什么样的程度，如何正确设置和适用刑事证据印证规则等问题亟待解决。但当前对这些问题的分析和研究缺乏准确性、全面性和系统性。

总的来说，当前的研究成果多集中于对印证或证据链的含义、特征和构成等方面的探讨，而关于刑事证据印证规则的具体规则构成的基础理论研究则寥寥无几。

---

① 例如，有学者区分了印证和验证，认为印证强调证据间彼此支撑的双向关系，而验证则强调运用案件中的客观情况来检验证据的真实性，是一种单向关系。并举了这样一个例子来说明何为验证：受贿案件中的嫌疑人称在单位大院的大树下收受一笔现金，通过查看单位大院有无大树可以用来验证嫌疑人供述的真实性。其认为该单位大院环境的客观情况不是一种证据。见马方、任惠华主编：《监察调查程序与方法》，中国方正出版社 2020 年版，第 233 页。我们认为，侦查人员进行现场勘验，需要进行证据规定，制作勘验笔录。因此，记录单位大院有无大树的勘验笔录本身就是一种法定的证据类型，如果经勘验显示该大院确实有大树，则该勘验笔录与嫌疑人供述之间形成印证关系，反之，则该勘验笔录与嫌疑人供述之间无法形成印证关系。所谓客观情况对证据的验证仍然属于印证范畴，用来说明证据之间是否存在印证关系。

三、研究思路与方法

（一）研究思路

1. 研究的主要内容和行文的逻辑主线

从实践中由于印证不规范、证据链不完整导致事实认定错误的现象和面向刑事司法人员的调研数据入手，分析我国现行刑事证据印证规则的立法和司法现状并提出相应问题，引出作为研究对象的刑事证据印证规则。厘清刑事证据印证规则的含义并对其功能、性质进行分析，以此为基础探讨刑事证据印证规则在证据规则体系中的定位，以及刑事证据印证规则结构形成的理论依据。随后进入本书重点问题的探讨，对刑事证据印证规则的具体规则构成进行综合性分析，分层次解析刑事证据印证规则的宏观结构，即刑事证据印证基础规则，以及刑事证据印证规则的微观构造，即刑事证据印证基本规则、刑事证据印证特殊规则。最后顺理成章地在结语中总结完善我国刑事证据印证规则的立法构想。

其中，刑事证据印证基础规则和刑事证据印证基本规则可合称为刑事证据印证一般规则，由于刑事证据印证基础规则和刑事证据印证基本规则各自包含了较为庞大的子规则，且二者具有一定的独立性，可以区分开来，加上考虑到本书内容的协调，在布局谋篇上让二者各自独立成章，分别对应刑事证据印证规则的宏观结构和刑事证据印证规则的微观构造这两章。

2. 研究的重点

刑事证据印证规则的宏观结构和微观构造是研究的重点。前者囊括了争点导向规则、可采性优化规则、最低数量规则等子规则。后者则涉及独立来源规则、综合效力规则、反印证消除规则、禁止重复证明等子规则。

3. 研究的难点

（1）证据链的本质及形态。从其本质和形态来看，证据链或曰印证是证据之间的紧密连接、环环相扣，还是每个证据单独指向争点，没有准确的定论。换言之，证据链是扇形还是条状，仍有争论，亟待探究。

（2）孤证的概念和标准。对于指向同一事实的证据的数量，是按照日常的证据数量计算方法计算，或是按照证据来源的不同来计算，还是按照证据所包含的事实计算，没有定论。譬如，20个证人同时目睹了同一起事件并且对争点事实有证明作用，那么就争点事实而言，证据的数量是1还是20抑或是其他数字？

（3）反印证的含义及其弥补方法。当无法排除合理怀疑时，证据链就会断裂，那么在什么条件下可以弥补这处断裂？解决这一问题的核心和基础在于弄清什么是合理怀疑。

（4）补强规则与刑事证据印证规则之间的关系。对于这一议题，理论界主要有两大对立的观点。第一种观点主张补强规则是一项独立的、与刑事证据印证规则是并列关系的证据规则；第二种观点则认为，刑事证据印证规则与补强规则是包含与被包含的关系。解决这一问题有赖于对补强规则、刑事证据印证规则的各自研究和相互比较。

（二）研究方法

研究方法以逻辑推导为主，实证分析为辅。在依托已有研究材料的基础上进行逻辑论证并借助问卷调查、访谈和小型研讨会等方式增强研究的科学性和合理性。从法哲学、法律心理学等交叉学科中寻求规则的合理性基础。必要时，在行文过程中对主要代表国家的与刑事证据印证规则相关的具体规则予以比较。本书运用了包括文献分析法、交叉学科分析法、实证分析法、比较分析法在内的若干种研究方法。

1. 文献分析法

学术研究是站在前人肩膀上的进一步探索。通读文献，一方面可以了解当前的研究状况，避免重复研究、重复劳动，另一方面可以通过梳理现有的研究成果并从中寻找鲜有人涉足的地带，发掘新的研究可能性。为了了解印证理论的研究现状，笔者从多渠道收集了当前的主要研究成果并进行研读、总结、思考。此外，还搜集和阅读了哲学、心理学、管理学等其他学科的文献，去寻找刑事证据印证规则的跨学科理论基础。

2. 交叉学科分析法

学科的发展经历了一个由综合走向分化的进程，近现代以来愈来愈多的专家学者开始意识到学科分化带来各个学科精细化发展，与此同时，各学科自成一体的研究状态也在人为割裂各学科之间的联系和互动。20世纪70年代，有学者提出超学科的概念，主张知识重组和跨学科研究。从学科的演变历程来看，不同学科之间是存在某种内在关联的，这意味着不同学科是可以实现跨越式对话的。不同学科之间可以通过对话，相互提供理论支撑，以拓宽彼此研究的广度和深度。笔者在行文中运用了多学科的研究成果，例如，在阐述刑事证据印证规则的理论基础时，借鉴了哲学上的融贯论、符合论、获得最佳解释的溯因推理等理论成果，参考了认知心理学上的叙事理论，如故事模型理论、锚定叙事理论、混合式理论等，吸收了管理学上的过程管理、结果管理理论以及系统论等。又如，在分析综合效力规则时，借鉴了物理中的作用力与合力的理论、数学上的矢量及其运算理论，试图更直观地阐述综合证明力的判断过程。

3. 实证分析法

为了更深入了解刑事证据印证规则的适用现状以及实务界人士对刑事证据印证规则的看法，笔者开展了面向司法实务工作者的问卷调查来了解法官、检察官和律师们对刑事证据印证规则的认识程度、刑事证据印证规则的适用状况等，详见附录。此外，还同个别办理过刑事案件的法官、检察官、律师进行有针对性的访谈和研讨。

4. 比较分析法

我国证据法学理论有相当多的内容都来自域外，印证理论作为一种本土理论，是我国证据法学的独特性代表之一。本书在探究刑事证据印证规则的过程中，将我国的刑事证据印证规则与欧洲中世纪的法定证据制度、西方当前的自由心证制度进行横向比较分析，在这个过程中也隐含着与法定证据制度和自由心证制度的纵向比较分析。此外，本书还将中外证据法相关理论的比较研究融入具体行文中，例如，在分析刑事证据印证一般规则的子规则之最低数量规则或者说孤证不能定案规则时、在分析刑事证据印证特殊规则之辅助证据规则时，比较了我国和域外相关国家在相关性理论、证据的内涵和外延上的差异。又如，考察了两大法系学者通过实证研究总结出的叙事理论，并发现叙事理论对于我国审理者组织证据、构建案件事实而言亦有借鉴意义。

四、研究创新与不足

（一）研究的创新点

其一，选题上的创新。印证理论自诞生至今已有十来年的历史，近年来以印证为研究对象的学术文章显著增加，但尚未出现以印证或证据链为研究对象的专著。目前，印证相关的学术成果大多是在规则以外的层面展开，虽然有几位学者提出印证是一种证据规则，但仍未深入探讨刑事证据印证规则的系统构成，印证或证据链的基本内涵、性质、功能、效力等都处于模糊不清的状态。笔者直面证据法学基础理论研究的前沿，以刑事证据印证规则为研究对象。

其二，文献资料的新发现。例如，探究刑事证据印证规则的心理学基础时，发现域外关于裁判者认知心理的叙事理论除了故事模型理论、锚定叙事理论，近年来还有贝克斯等学者共同提出的混合式理论，并就此发表了若干学术文章、出版了一部专著。

其三，观察问题的视角、研究手段上的创新。美国教育学者伯顿·克拉克曾言，世界上不存在一种足以揭示所有规律的方法，广博的说理应当是多学科的。本书在继承本学科传统的研究方法的同时，创造性地移植其他学科的研究成果、研究方法，注重多学科知识的交叉融合，注重通过发散性思维来拓宽学科视野，从其他学科汲取能为本研究所用的成分，从而使原本孤立的知识点出现新的联络，使学科体系由混沌到清晰。笔者试图从多元学科的视角剖析刑事证据印证规则，透过错综复杂、盘根错节的表象去探究刑事证据印证规则的内在规律，从而形成一种结合哲学、心理学、管理学等多学科的研究方法。在研究手段上，为了减少单纯文字论述的枯燥和语义可能存在的费解和歧义，同时为了更直观地展现分析论证过程、实证调查结果，笔者运用了图示法，在行文中绘制了若干图表。例如，为了展示印证的不同类型而绘制了若干个印证关系图。又如，为了阐释综合证明力的判断过程而绘制了证明力之合力的运算图解，以及不同证据组合下综合证明力的图解。再如，在汇总问卷调查结果后，通过图表清晰展示调查结果和数据特征所反映的司法状况和现实需求等。

其四，基础概念术语的新阐释。研究刑事证据印证规则就不得不解答什么样的证据才能成为定案根据，要回答这一问题就需要弄清楚刑事证据的内涵和外延，这就需要深入剖析相关性的边界、证明对象的范围。因此，作为立论基础，我们需要厘清什么是证明对象，与证明对象存在什么样的相关性的材料才能成为证据。我国传统证据法所认为的相关性是一种直接相关性，能证明案件事实的部分[1]或者全部[2]的材料才能成为证据，而关于证明案件事实之部分或全部的主要证据的可信性的材料因为与案件事实间接相关而不算证据。笔者

---

① 此处所称能证明部分案件事实的证据指的是间接证据，间接证据只能反映案件之局部。
② 此处所称能证明全部案件事实的证据指的是直接证据，直接证据可以反映案件之全貌。

认为，我国传统证据法对相关性的解释过于谨慎、保守，概念和相关性的范围直接影响证据的范围，相关性应当既包括直接证明部分或全部案件事实的直接相关性，也包括通过证明主要证据的可信性而与案件事实间接关联的间接相关性。因此，证据外延除了传统上所认为的过程证据、实质证据这两类主要证据外，还应包括证明主要证据可信性的辅助证据。在刑事司法证明中，证明对象既涉及程序法事实、犯罪构成要件事实即实体法事实，还涉及关于主要证据可信性的证据法事实。

其五，出于论证需要而提出并阐释新的概念术语。例如，从系统科学的角度提出刑事证据印证系统的概念。刑事证据印证系统主要由实体证明系统、附属性证明系统两大部分构成，实体证明系统是核心，根据构成要件事实的不同，实体证明系统可以分解为若干个实体证明子系统，附属性证明系统具有依附性，附属性证明子系统分别从属于相应的实体证明子系统，实体证明子系统与相应的附属性证明子系统形成单一证据链，多条单一证据链有机结合在一起而形成全案证据链，全案证据链即刑事证据印证系统。又如，借用力学上作用力的概念提出证明合力、综合证明力的概念。在力学上，两个力产生合力的前提是二者有共同的力的作用点。在印证分析中，对于单一证据链而言，两个以上证据作用于同一待证事实；对于全案证据链而言，两个以上证据作用于案件事实的证明。证明合力、综合证明力是个矢量概念，有大小和方向两个维度，是指两个以上证据用于证明同一证明对象时产生的证明效力、证明价值。

其六，理论观点上的创新。纠正前人不正确的提法或结论、提出有价值的新观点。在分析问题的基础上，构建自己的理论观点和体系，是一种理论突破。主要体现在：（1）关于刑事证据印证规则的构成。刑事证据印证规则可以分为刑事证据印证一般规则和刑事证据印证特殊规则。其中，刑事证据印证一般规则又可以分为刑事证据印证基础规则、刑事证据印证基本规则。前者即刑事证据印证规则的宏观结构，后者即刑事证据印证规则的微观构造。（2）关于证明与印证的关系。刑事证据链指刑事案件中两项以上证据指向同一待证事实所形成的完整稳定且能排除合理怀疑的证明体系。印证的理想状态是证据链的证明合力达到认定案件事实的证明标准。单项证据的证据信息对待证事实的揭示作用即为证明，两项以上证据的证据信息对待证事实的共同揭示作用则是印证。一个证据指向争点是证明，另一个证据指向该争点时出现第一次印证。第三项证据指向该争点时就出现了第二次印证。如此类推，便形成了证据链。由此观之，证据链是印证的外在表现，印证是证据链的本质。通常情况下，印证次数越多，多项证据叠加产生的综合证明力越大。（3）提出刑事证据印证规则的宏观结构，即外部证成子规则。第一，印证应当以争点为中心，即同一证据链上的不同证据皆指向争点，分别对争点具有证明作用；第二，形成证据链的证据必须具有证据能力、可采性，经过交叉询问的检验，证据链上任何一项证据不具有可采性，都可能导致证据链的断裂；第三，形成证据链的证据至少为两项。（4）提出刑事证据印证规则的微观构造，包括独立来源规则、综合效力规则、反印证消除规则、禁止重复证明规则等内部证成子规则。具有同一来源的证据之间由于信息的同根同源往往能在形式上相互印证。但这种形式印证本质上是单一证据自我印证的悖论。信息来源不同的证据相互印证，可以为各自的真实性和证明力提供担保。因此，形成证据链的证据至少包括两项独立来源。证据链的证明合力应达到排除合理怀疑的证明标准。值得说明的是，证据综合效力的判断，并不是无迹可寻的。在定罪程序中，证据综合效力的判断以犯罪构成要件为中心，对指向每一待证事实的证据形成的证据链的证明力是否达到证明标准进行考察，随后对所有证据链构成的证据链集合的综合证明力是否达到证明标准进行考察。对综合证明力的判断，有赖于其他证明力规则、逻辑规则和经验法则。综合判断控诉证据和辩护证据，一旦发现合理怀疑就会导致证据链断裂，此即反印证现象；出现反印证时，需要通过新的证据形成印证来消除合理怀疑。反印证可能出现于控诉证据之间，也可能出现在内容相矛盾的控诉证据与辩护证据之间。对同一待证事实提出同一种类且内含信息基本一致的证据将构成重复证明，重复证明的证据数量的增加不会使综合证明力变大，考虑证明价值、诉讼效率和案件审理进程，重复证明者择其一二进行集中审程序即可。（5）提出刑事证据链的扇形结构。围绕某一争点而形成的证据链是每个证据单独指向争点而形成的扇形结构。通常人们认为证据链是证据之间的紧密连接、环环相扣的条状或者链状结构，主要是从外部形态来看，不足以揭示印证的本质属性，对于构建证据链的事实裁判者而言没有太大的指导价值。从其内在特征和整体结构来看，单一证据链呈现为扇形结构，以单一证据链为单元且由多条单一证据链依照逻辑结构联系在一起的全案证据链的形态，也呈现为指向具有唯一性的事实结论的扇形结构。（6）对孤证的内涵、类型、孤证不能定案规则的适用范围进行剖析。提出孤证包括绝对的孤证和相对的孤证。绝对的孤证是指，对于全案事实而言，只有一个证据，再无别的证据，这个证据的证据信息覆盖了构成要件事实之全部。相对的孤证是指，从直观层面来看用于证明案件事实的证据数量大于一，但部分构成要件事实要么只有一个证据证明而没有其他证据相印证，要么有相互矛盾的两个以上证据证明但无法形成证据间的印证关系，要么有两个以上证据证明但这些证据由于具有同一来源而无法相互印证。此外，还提出孤证不能定案规则的适用范围仅限于要达到排除合理怀疑证明程度的证明对象。孤证不能定案是对构成要件事实的证明要求。对于程序法事实、证据法事实的证明只要不存在相互矛盾的证据，且达到优势证明标准，就可以认定程序法事实、证据法事实成立。程序法事实、证据法事实可以依孤证定案。这是由证明标准的层次性决定的。（7）关于补强规则与刑事证据印证规则的关系问题。狭义的补强仅指口供补强规则。折中的补强规则实质是对所有言词证据进行补强的规则。广义的补强除了言词证据补强之外，还指辅助证据对主要证据可信性和证明力的辅助证明作用。究其实质，补强规则属于刑事证据印证规则的一种具体化表现。通常不区分印证的证据的主次地位，而补强规则之下的证据有主次之分。① 因此，补强规则是刑事证据印证规则的特殊子规则之一。

（二）研究的不足之处

笔者尝试通过融合哲学、认知心理学、管理学、物理学、数学等学科的知识来尽量完美地诠释刑事证据印证规则，勾勒出尽量完整且严密的刑事证据印证规则框架。这种规则框架更像一种指导司法实践的分析思路，而不是一个量化的刑事证据印证分析模型。20 世纪英美法系的学者威格摩尔在其著作中提出用来指导裁判者断案的图示法，最终由于涉及大量复杂烦琐的符号等原因而无法推广开来。20 世纪 90 年代以来，西方学者主张把数学中的贝叶斯定理引入司法证明领域，在他们看来，人类的大脑常常在有意无意地使用贝叶斯定理，裁判者在进行案件裁量时也是如此——裁判者首先会进行一个初步判断，这就产生了一个先验概率，随着证据的增加，这个先验概率被不断修正，最终获得一个后验概率，后验概率是一个高概率的预测。这样看起来似乎把贝叶斯定理引入司法证明领域是可行的，但适用贝叶斯定理还涉及先验概率如何量化、新增的证据信息与后验概率之间的函数关系如何确定等问题。而事实上，这些问题是无法解决的。21 世纪前后开始，我国也有学者试图探究自动量刑辅助决策系统，但这一系统依然无法取代法官的判断。中外学者在定罪量刑层面探索的公式化、量化的数理模型是有一定意义的，但这些模型最终都难以落地，大都归因于刑事司法裁量是一个兼具主观判断和客观基础的活动，刑事司法不是对外提供自动贩卖机式的服务，证据与事实之间、不同事实情节之间的逻辑关系、个案的差异性、经验法则、公序良俗、良知、法律文化、法律政策的价值追求等无法通过纯数理

---

① 即区分为主要证据和补强证据。后者对前者起辅助作用。

的、公式化的方法实现量化，这些仍然需要借助于裁判者的内心权衡形成内心确信。事实上，在人文社会科学开始崇尚量化研究的今天，量化研究虽然在一定程度上可以开拓一些新思路、提供一些新解释，但企图以冰冷的公式、纯粹量化的模型来刻画人文社会科学领域的问题与路径是不可行的。对人性、情感、良知、需求、意志、愿望投之以关切，对心灵、伦理、是非、善恶、行为、社会现象等不遗余力地倾注眷注，对终极的人文关怀抱之以热忱，这大概就是人文社会科学的温度和魅力所在。因此，本书所能提出的刑事证据印证规则也只能是一个用于指导司法决策过程的逻辑分析框架，而不是定量的、公式化的数理模型。

尽管笔者已经极力去规避错误，力争本书能够内容充盈、论证得当、逻辑自洽，但行文中仍然难免疏漏、不足之处。期盼学界和实务界前辈予以指正、提点。

第二章　刑事证据印证规则的概念解析

准确把握研究对象的基本内涵是进一步开展研究的逻辑起点。因此，详细剖析刑事证据印证规则概念本身是很有必要的。对印证和刑事证据印证规则的界定是规范研究和准确适用刑事证据印证规则的前提。本章将沿着何谓印证——何谓刑事证据印证规则——刑事证据印证规则在证据规则体系中的位阶如何界定这一逻辑主线来揭开刑事证据印证规则的神秘面纱。

第一节　何谓印证

印证作为我国司法实践的经验总结，是司法工作者口口相传的惯用表达。至于何为印证，印证具备哪些基本特征，从类型化意义层面来看印证有哪些不同的形态，印证和作为证据法学研究的基础概念的证明是否一样、有何联系、有何区别等问题，是我们探究刑事证据印证规则之前不得不面对和解决的。这些问题是研究刑事证据印证规则的先决问题。[①] 近十年来，有越来越多的学者开始关注印证，但对这一基础性问题进行探索者少之又少。可喜的是，当前个别学者对上述问题中的部分问题进行了研究和回应，这为我们研究印证的

[①]　先决问题是国际私法中的一个重要概念，它与主要问题相对应，解决先决问题是解决主要问题的前提。例如，要解决夫妻之间的遗产继承问题，先要解决二人是否存在婚姻关系这一问题。此处，借用先决问题这一称谓，是为了说明正确把握印证的概念是剖析刑事证据印证规则的前提和基础。

概念本身提供了颇有价值的指引。不可否认，上述所列举的具体研究问题中仍然存在空白和争议的地带，尚未达成共识。在这一部分，我们将站在前人有限研究的基础上，尝试对上述问题提供更多的回应和思考。

一、印证的内涵

中国大辞典编纂处编写的《国语词典》是这样解释印证一词的，印证指的是"通过对照比较，证明与事实相符"。印证同时有相互证明之意，如《儒林外史》中写道："将经文大书，下面采诸经子史的话印证，教弟子们自幼习学。"在证据法学研究领域，对于何为印证这一问题，我国学者尚未达成共识。在充分了解当前关于印证内涵的主要观点后，笔者试图站在前人研究基础上确定本书所称印证的具体内涵。

（一）国内学者关于印证内涵的主要观点

国内对印证的理论研究正式开启于 2004 年学者龙宗智发表的一篇文章，[①] 此后，更多学者关注印证的理论问题。2018 年以来，与印证相关的理论成果数量呈现明显的上升趋势。关于印证的基本内涵，主要有以下几种代表性观点。

其一，经验法则说与习惯法说。该观点主张印证是凝结司法实践经验和智慧的审查证据、判断案件事实的经验法则或习惯法规则。[②] 从印证理论的嬗变历程来看，在较长一段时间里，印证确实是作为一种经验法则或带有习惯法色彩的非强制性规范在刑事司法证明中发挥作用的，自 21 世纪 10 年代印证入法以来，印证摇身一变成为具有

---

① 龙宗智：《印证与自由心证——我国刑事诉讼证明模式》，载《法学研究》2004 年第 2 期，第 107-115 页。

② 汪海燕：《印证：经验法则、证据规则与证明模式》，载《当代法学》2018 年第 4 期，第 32 页。

法律约束力的法律规范，不再停留于经验法则层面。

其二，证明模式说。此观点主张印证是一种证明模式，是对司法运行状况的类型化概括。① 此观点以龙宗智早年观点为代表，持这一立场的还有朱锡平、谢小剑、朱德宏、阮堂辉等学者。

其三，证据契合说。持此种观点的学者以龙宗智为代表，其此前主张印证是中国特有的一种证明模式。但在 2020 年底发表的关于印证的最新文章中，其改变了一直以来所支持的证明模式说，而代之以证据契合说，主张印证指的是证据之间相互契合，换言之，不同证据所包含的证据信息具有同一性。其进一步提出证据契合具有普适性，两大法系的司法证明都包含证据契合的要求。②

其四，证明结构说。此观点认为印证就是指不同证据指向一致，证明内容相互交叉并彼此支撑而形成的一种稳固的、可感知的证明结构。印证的证明结构对证据的质和量都提出了要求。在印证的证明结构中，与某项证据相印证的证据越多，该项证据的证明力越强，其他证据与该项证据吻合程度越高，该项证据的证明力亦随之上升。③

其五，证明方法说。此观点以杨继文等学者为代表。证明方法说认为，印证是审查判断单项证据的证明价值和全案证据综合证明效力并追求对特定证明对象的证明信息完整性的证明方法。④

其六，证据规则说。此观点以李建明、陈瑞华、向燕、汪海燕等学者为代表。证据规则说主张印证是关于验证某一项证据证明力、采信该项证据和综合全部证据认定案件事实的要求的具体规则，从印

---

① 韩旭：《论我国刑事诉讼证明模式的转型》，载《甘肃政法学院学报》2008 年第 2 期，第 108 页。

② 龙宗智：《比较法视野中的印证证明》，载《比较法研究》2020 年第 6 期，第 2、12、31 页。

③ 蔡元培：《论印证与心证之融合——印证模式的漏洞及其弥补》，载《法律科学（西北政法大学学报）》2016 年第 3 期，第 172、174 页。

④ 杨继文：《印证证明的理性构建——从刑事错案治理论争出发》，载《法制与社会发展》2016 年第 6 期，第 181 页。

证的作用来看，印证是指引法官裁判和避免法官滥用权力的证据规则。①

（二）本书关于印证基本内涵的主张

单项证据的证据信息对待证事实的揭示作用即为证明，两项以上证据的证据信息对待证事实的共同揭示作用则是印证。② 一个证据指向争点是证明，另一个证据指向该争点时出现第一次印证。第三项证据指向该争点时则产生了第二次印证，以此类推。通常情况下，印证次数越多，多项证据叠加产生的综合证明力越强。

刑事证据印证和刑事证据链是同一问题的两个方面，二者互为表里，刑事证据间的印证关系是刑事证据链的实质内核，刑事证据链则是刑事证据间印证关系的外在表现。易言之，刑事证据印证和刑事证据链指向的是同一个对象。结合司法工作者对刑事证据链的认知和个别学者对刑事证据链的解构，刑事证据链是指刑事案件中两项以上证据指向同一待证事实所形成的完整稳定且能排除合理怀疑的证明体系。③ 从刑事证据链上的证据数量来看，同一证据链的证据应不少于两项，这是证据链的最低数量要求，单一证据不足以形成证据链。从刑事证据链上各项证据之间的联系来看，各项证据指向同一待证事实，这是证据相关性的应有之义。各项证据正是由于对同一待证事实有证明作用而联系在一起，形成一个逻辑自洽的证明体系。从刑事证据链的具象构造来看，一条证据链对应一个待证事实，一条完整稳定的证据链就构成对一个待定事实的确证。易言之，刑事证据链上的各项证据具有内含信息的同一性。所谓内含信息之同一，既可以是

---

① 李建明：《刑事证据相互印证的合理性与合理限度》，载《法学研究》2005 年第 6 期，第 21 页；陈瑞华：《论证据相互印证规则》，载《法商研究》2012 年第 1 期，第 112–113 页；汪海燕：《印证：经验法则、证据规则与证明模式》，载《当代法学》2018 年第 4 期，第33 页。

② 印证"既可以用于待证事实与证据之间，亦可用于证据与证据之间"。印证本身就包含着相互证明的意味，单一证据对待证事实的证明仅是单一证明，不存在相互证明。因此，本书的基本立场是，应当区分印证与证明，二者不可混为一谈。

③ 本书所称两项以上皆包含本数。

内容之同一，也可以是方向之同一。[1]例如，在一起共同犯罪案件中，两位共同行为人在各自的供述中对犯罪时间、犯罪地点、作案手法、行为对象等作出相同的陈述，此即内容的同一。又如，在一起故意杀人案件中，目击证人指认犯罪嫌疑人为行为人，警方在勘验犯罪现场获取的作案刀具上提取到犯罪嫌疑人的指纹，此即方向的同一。有学者将具有内含信息同一性的证据，称为同质证据。而不具有这一属性的相互矛盾的证据则称为异质证据。[2]从刑事证据链的实质内容来看，一项证据可能包含一个或多重证据信息，[3]其所包含的证据信息分别与其他证据的证据信息相印证，这些获得同一性认证的证据信息即为案件事实，这是支撑起证据链的实质内容，多条证据链依照犯罪构成要件的逻辑结构依次串联成证据链集合。在证据排列组合和证据链搭建过程中，法官运用逻辑规则和经验法则推导出案件事实真相并作出判决。

结合前述内容，我们能自然而然地在脑子中形成证据链的大致形态——对于某一争点而言，证明该争点的若干证据分别指向该争点而形成证据链形态。如图 2-1 所示，从其本质形态来看，围绕某一争点而形成的证据链是每个证据单独指向争点而形成的扇形结构。通常人们认为证据链是证据之间的紧密连接、环环相扣的条状或者链状结构，主要是从外部形态来看。易言之，条状或者链状结构并不足以揭示印证的本质属性，这种仅体现证据链外部形态而未反映证据链内在特征的形态描述，对于构建证据链的事实裁判者而言没有

---

[1]　龙宗智：《刑事印证证明新探》，载《法学研究》2017 年第 2 期，第 153 页。

[2]　王舸：《案件事实推理论》，中国政法大学出版社 2013 年版，第 91 页。

[3]　本书所称证据信息指的是证据所包含的事实内容。在部分论著中，有的学者采用"证据事实"这一表述。笔者认为这一表述值得商榷。这些学者在具体论述中所称证据事实通常指的是证据所能证明的事实或者说证据所含有的能反映争议事项的信息。司法证明过程是无限靠近客观事实但难以获得客观事实，通过证据证明所得的事实是一种法律事实，更准确地说是一种证据法事实。因此，在意指证据所能证明的事实时，相比于证据事实，证据法事实的表述更为恰当。在表达证据所包含的能反映案件事实的信息时，证据信息的称谓更直击本质，亦能避免引起歧义。

太大的指导价值。从其内在特征和整体结构来看，单一证据链呈现扇形结构。以单一证据链为单元，由多条单一证据链依照逻辑结构联系在一起的全案证据链的形态，也呈现指向具有唯一性的事实结论的扇形结构，如图2-2所示。结合单一证据链的形态和全案证据链的简易形态，全案证据链的完整形态大致如图2-3所示。

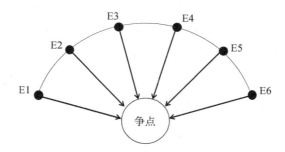

图 2-1   围绕某一争点而形成的证据链的形态图①

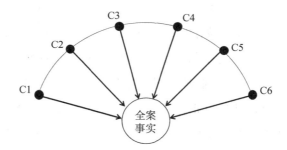

图 2-2   全案证据链的简易形态图

---

①   在本节的图表中，为行为方便，用 C1、C2、C3、C4、C5 等来分别表示证据链1、证据链2、证据链3、证据链4、证据链5 等，用 E1、E2、E3、E4、E5 等来分别表示证据1、证据2、证据3、证据4、证据5 等。图 2-1、图 2-2 和图 2-3 中的证据数量、单一证据链数量并不代表具体个案的证据数量、单一证据链数量。

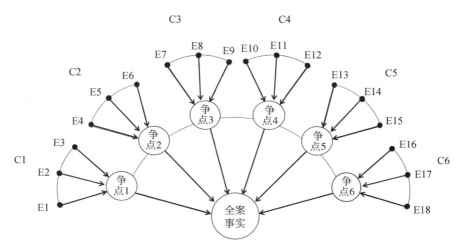

图 2-3　全案证据链的完整形态图

该如何对印证进行定性，印证究竟是一种证明模式、证据契合、证明结构、证明方法还是证据规则或者其他？笔者认为，印证与法定证明和自由心证都有所关联，但印证主要涉及对单个证据证明力大小的评价和全案证据综合证明力是否达到证明标准的判断，主要面向证明力的评判，而证明模式是个内容丰富的概念，除了关于证明力评价的规则外，还涉及证据能力、证明手段等规定。印证尚不足以成为与法定证据模式、自由心证证明模式等量齐观、并驾齐驱的一种独立的证明模式。证明方法即司法证明方法，它通常指的是以证据材料证明待证事实的认识方法和思维方法，尤其是运用抽象的逻辑思维，主要涉及演绎推理法、归纳推理法、反证法、排除证明法等，将印证界定为证明方法无法充分体现印证的全部特征。① 证据契合和证明结构分别反映的是印证的内在特征和外在形式，用二者来描述印证并无不妥，但从服务司法证明实践的角度出发，将印证定位为一种证明规则，更具有指引性和可操作性。

---

① 何家弘：《论司法证明方法的特点和种类》，载《公安大学学报》2001 年第 3 期，第 59-62 页。

二、印证的类型

其一，根据印证的复杂性程度，分为单向度印证和多向度印证。其中，单向度的印证指的是言词证据或实物证据的可信性不足而需要其他证据对该证据进行佐证来弥补和补充该证据的证明力瑕疵的情形，例如提供言词证据的证人由于年龄、生理状况或精神状况而认知能力和判断能力有缺陷，或者证人与该案的裁判结果或者当事人有利害关系，其证言存在虚假可能性。在单向度的印证结构中，既有作为本证的证据，还有提供印证的其他证据。后者佐证前者，但前者无法佐证后者。前者和后者之间是单向度的、不可逆的印证关系。前者通常是实质证据，后者通常是辅助证据。对于这类可信性不足的证据，如果没有其他证据的印证，则不具有可采性，这在《解释》中已有体现。① 多向度印证指的是两个或两个以上证据的证据信息存在交叉，而形成交互印证的关系。例如，证据 A 为证据 B 提供印证，证据 B 也为证据 A 提供印证，证据 A 和证据 B 就形成双向度的、交互的印证关系。多向度印证通常发生在不同实质证据之间。在多向度印证结构中，多个证据互为本证和印证。②

其二，按照印证的正当性与否，划分为实质印证和形式印证或虚假印证。其中，实质印证指的是作为定案根据的证据具有证明资格且具有证据信息或证明方向的一致性而构成闭合的证据锁链所形成的证据集合之形态。实质印证建立在正当程序基础之上，不仅注重对多个证据的综合判断，也重视围绕单个证据开展证据收集程序合法性审查、可采性审查和证据内容有无瑕疵的审查。而形式印证或虚假印证则是指证据集合徒有印证之形而无印证之实，通常表现为本不具

---

① 例如《解释》第 109 条。
② 汪海燕：《印证：经验法则、证据规则与证明模式》，载《当代法学》2018 年第 4 期，第 24-28 页。

有证据资格的材料未经法庭审查程序予以排除，反而在法庭所采信的证据之列，成为证据锁链的一个链节而形成的不具有正当性的证据组合形态。虚假印证往往缺乏正当程序的支持。例如，佘祥林案中刑讯逼供所得的供述不具有证据资格，但最终成为定案根据导致错误判决，该案所谓印证实为虚假印证。刑事诉讼所追求的印证是实质印证，证据之间的实质印证是法官内心确信的基础，形式印证或虚假印证因不符合印证的基本要求，本质上不属于印证。

其三，依照印证的外在结构，区分为单个证据链的印证和全案证据链的印证。单个证据链的印证指的是若干证据对同一证明客体具有证明作用，共同指向同一证明客体而形成完整的证据链条的印证。在刑事司法证明中，一个证明客体对应着一条证据链。从印证系统的结构来看，单个证据链的印证是印证系统的基本单元。[①] 全案证据链的印证指的是具体案件中每个证明客体所对应的证据链条环环相扣而共同形成的闭合、完整的证据锁链的印证。[②] 全案证据链条的印证构成了个案的印证系统。这一印证系统具有层次性，它由针对不同证明客体的证据链条组成，在每一条证据链中又涉及实体证明、程序证明和嵌套在实体证明、程序证明之中的用于证明实体证据、程序证据可信性的附属性证明。

其中，依据印证程度的不同，全案证据链的印证可以区分为绝对的全案印证、相对的全案印证。绝对的全案印证是指全部犯罪事实都得到印证，相对的全案印证是指全部犯罪事实都有证据证明，并非全部犯罪事实都得到印证，但关键事实即构成要件事实都得到印证。[③]达到相对的全案印证即可作出有罪判决。

其四，按照印证的内在特性，即相互印证的证据各自所包含的证

---

① 从印证系统的微观结构来看，证据构成印证系统的最小单元。

② 张少林：《刑事印证初论》，载《国家检察官学院学报》2007年第2期，第135-137页。

③ 王宇坤：《口供印证的类型化研究》，载《浙江工商大学学报》2020年第1期，第143页。

据信息的关系，可分为以下两大类别、四种具体类型。①

第一类，内容一致的印证。具体包括以下三种具体类型，前两种是印证的理想状态，第三种则更为复杂。

（1）两个证据材料的证据信息基本吻合。既可以是一个证据材料的证据信息和另一个证据材料的证据信息大致重合，② 二者表现为重合关系，如图2-4所示，也可是一个证据材料的证据信息为另一个证据材料的证据信息所涵盖，二者呈现出包含与被包含的关系，如图2-5所示。两个证据材料之间的证据信息基本吻合，这种情形是印证的最完美、最理想形态。例如，在一起故意杀人案件中，两个目击证人对犯罪过程的证词基本一致，此时两人的证言属于重合关系。又如，在一起共同犯罪案件中，其中一个嫌疑人交代了部分犯罪行为的经过，另一个嫌疑人交代了全部犯罪行为的始末，这种情况下两人的供述属于包含与被包含的覆盖关系。

（2）一个证据所包含的证据信息分别为多个不同证据印证。如图2-6所示。此种印证类型常见于直接证据与多个间接证据之间。直接证据通常以言词证据的方式呈现，如被追诉人供述、被害人陈述、目击证人的证言，往往能反映案件事实全貌。间接证据仅证明片段事实。若干个间接证据分别印证直接证据的其中一部分，直到直接证据的所有部分都获得间接证据的印证。在这种状态下，我们可以看到以直接证据为中心，通过对该证据所有证据信息的印证，多个间接证据紧密联系在一起。直接证据和间接证据、不同间接证据之间相互联结，形成紧密、闭合、完整的证据锁链。更准确来说，对于间接证据而言，直接证据与其形成包含与被包含的关系；而对于直接证据而

---

① 李建明：《刑事证据相互印证的合理性与合理限度》，载《法学研究》2005年第6期，第28-30页。

② 之所以表述为大致重合而非完全重合，是考虑到有些证据信息的差异是次要差异，对犯罪行为的定性走向不产生实质性影响，可以被忽略不计。大致重合只要证据信息的基本内容一致即可，要求两个证据之间不存在丝毫差异是不现实的。

言，单个间接证据对其进行部分印证、分别印证而形成稳固的证据链形态。

（3）一个证据所包含的证据信息只有部分得到其他证据印证。如图 2-7 所示。在这样情形之下，判断案件事实极具挑战性。例如，司法实践中常见的这类证据形态，被告人供述中涉及了作案时间、作案地点、作案动机、作案工具、作案手段、作案经过、犯罪所得等，但只有部分信息获得其他证据的印证。当一个证据尤其是直接证据所含证据信息只有部分得到其他证据的印证时，能否依据该直接证据定案，何以确定案件事实？证据信息部分未获得印证对案件事实的认定有何影响？针对以上问题，需要根据案情判断已获得印证的证据信息、未获得印证的证据信息是否属于案件的关键情节。如果关键情节均已获得其他证据印证，那么可以认定公诉机关指控被告人所涉嫌的罪名成立，如果关键情节未全部获得其他证据印证，则案件证据尚未达到确实、充分的证明程度，无法依据当前证据最终认定被告人实施了犯罪行为。就这一问题，本书将在第五章中综合效力规则这一节里进行更为详细的论述。

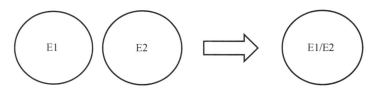

图 2-4　两个证据的证据信息基本重合关系图①

---

　　①　在本节的图表中，圆圈表示单个证据所包含的证据信息，圆圈的面积越大则表示该证据所包含的证据信息越多，在随后的图 2-5、图 2-6、图 2-7 和图 2-8 中亦如此。

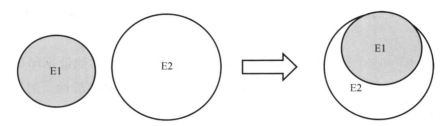

图 2-5　两个证据的证据信息之包含与被包含关系图

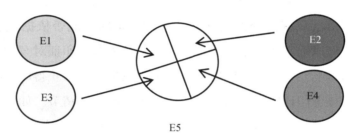

图 2-6　单个证据为不同证据分别印证关系图

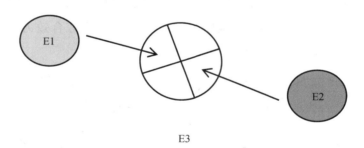

图 2-7　证据所含信息只有部分获得印证的印证关系图

第二类，指向一致的印证。指向一致的印证指的是不同证据所包含的证据信息不具有内容上的一致性，但因共同指向同一证明对象，且均对同一证明对象的成立具有证明作用而具有方向上的一致性这一印证形态，如图 2-8 所示。不同证据所表现出来的共同指向性反映了不同证据之间的内在联系。此种印证形态通常存在于间接证据之间。譬如，在张三涉嫌入户盗窃的案件中，张三当日被警方抓获，但其拒不认罪，侦查机关对比从受害人窗台上采集的鞋印与张三案发当日所穿鞋子底部，确认完全一致，侦查机关从张三身上搜到的人民币数额与被害人报警所称的丢失数额一致。鞋印、张三所穿鞋子、从张三身上搜到的赃款等对于证明张三实施盗窃行为具有共同指向性。至于能否认定张三确实实施了盗窃行为，则需要进一步审查其他证据，对于印证达到何种程度才能最终确定案件事实，则需要裁判者依据逻辑、经验甚至法庭科学等予以认定。由于这是另一个问题，此处不展开分析。

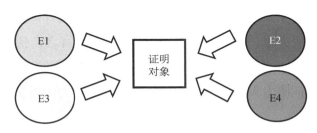

图 2-8　指向一致的印证关系图

三、印证与证明的关系

证明具有广义和狭义两层含义。从广义上看，证明是以证明论的形式呈现在证据法学研究领域之中。证明论和证据论有机结合在一起构成了证据法学理论的两大范畴。证明论涉及司法证明过程中证明法律关系、证明主体、证明对象、①　证明手段、②　证明责任等要素，以及相关要素的互动关系。印证呈现的是举证方、质证方、认证方运用证明手段确定案件事实过程中的互动关系。因此，从广义层面来看，印证是证明论体系中的一部分，证明是印证的上位概念。

从狭义上看，证明指的是单项证据对证明对象是否成立所发挥的作用，包括证立和证伪。证明展现的是自收集证据到举证再到审查

① 本书所认为的证明对象仅指他向证明对象，即证明客体。

② 证明手段除了证据之外，还有经验法则、法庭科学规则等。

判断证据的流线型平面作业过程，是控辩双方向裁判者展开的单向度的说服和论证过程。印证指刑事案件中两项以上证据指向同一待证事实所形成的完整稳定且能排除合理怀疑的证明体系。它能反映证明主体、证明客体、证明手段的互动关系与立体结构。如前所述，单项证据的证据信息对待证事实的揭示作用即为证明，两项以上证据的证据信息对待证事实的共同揭示作用则是印证。印证的理想状态是证据链的综合证明力达到认定案件事实的证明标准。在印证关系中，两项以上证据的证据信息对同一待证事实发挥揭示作用时，单项证据的证明力也获得其他证据的担保。[1] 统而言之，狭义的证明是印证的基础，印证是多重证明形成的具有非加和性的证明体系，产生印证的综合证明力大于任意单个证明关系的证明力的效果。

第二节　何谓刑事证据印证规则

为了准确掌握刑事证据印证规则的内核，一方面，我们需要从刑事证据印证规则本身入手，剖析该规则的内涵与外延，另一方面，需要厘清刑事证据印证规则与法定证据制度、自由心证制度这两大证据制度的关系。

一、刑事证据印证规则的内涵与外延

刑事证据链规则或曰刑事证据印证规则是关于刑事证据形成完整、闭合、稳定的证据锁链应具备的一系列条件和规范的总称。刑事证据规则是一个庞大的系统，如图 2-9 所示。除了具有技术性的、包含举证责任分配规则、质证规则等在内的证明方法规则外，还有证

---

① 陈瑞华：《论证据相互印证规则》，载《法商研究》2012 年第 1 期，第 113 页。

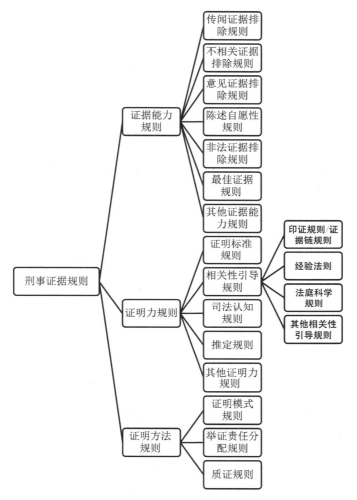

图 2-9 刑事证据规则结构图

据能力规则、证明力规则。其中，证据能力规则是判断一项案件材料能否作为证据使用的规则，注重审查证据的合法性、真实性，涉及陈述自愿性规则、传闻证据规则、意见证据规则等。对于证据能力的判断，两大法系国家通常通过法律明确规定证据合法性、真实性的标准和边界。证明力规则是判断一项证据对案件事实的证明程度的规则，涵盖推定规则、相关性规则等，注重审查证据的相关性。对于证明力的判断，更多倚仗于法官依其良心、理性、经验在证明力规则的指引下进行自由判断。

刑事证据印证规则对证据的质与量提出了一系列要求。具体而言，刑事证据印证规则包括刑事证据印证一般规则和刑事证据印证特殊规则。其中，刑事证据印证一般规则从宏观结构和微观构造两个维度又可以区分为若干子规则。刑事证据印证规则的宏观结构面向的是若干基础规则。它是指刑事证据形成完整的证据链应符合的前提性规则和基础性要求，是刑事证据链规则的根基，涉及争点导向规则、可采性优化规则、最低数量规则等子规则。刑事证据印证规则的微观构造面向的是若干基本规则。它是指刑事证据在合乎宏观结构的规则要求之后形成闭合、稳定的证据链条应当满足的进阶要求，是刑事证据链规则的核心和主干，涵盖独立来源规则、综合效力规则、反印证消除、禁止重复证明规则等子规则。刑事证据印证特殊规则是指在立法、司法实践中积淀的针对特定情形的印证规则的特殊形态，涉及补强规则、辅助证据规则、隐蔽性证据规则、量刑事实的印证规则等子规则。

二、刑事证据印证规则与法定证据制度的关系

法定证据制度产生于中世纪欧洲的封建国家，强调由法律事先预设每一个证据的证明价值，法官只能严格依照法律对证据证明力的规定来被动、机械地计算全案证据的证明力并判断计算结果是否达到一个完整证明的程度。证据被分为 1/2 证据、1/4 证据等若干层次，不同主体所提供的证言的证明力亦有所不同。例如，原则上男性证人证言的证明力为 1/2，两个内容相一致的男性证人证言构成一个完整的证明，足以认定案件事实，女性证人证言的证明力参照男性证人证言有所减弱，与案件有利害关系或是诚信度存疑的证人证言的证明力参照普通证人证言有所减弱，贵族的证人证言参照普通男性证人证言则相应增强。法定证据制度以一种畸形的、绝对的方式对各

项证据的证明力作出机械规定，完全排除审理者在证据判断上的主观能动性，司法能动主义的空间几乎被压缩为零。法定证据制度是在理性觉醒中为了克服神示证据制度下的恣意裁判而产生的，但因为僵化的规定同样引致司法不公，使得司法从一个极端步入了另一个极端。

法定证据制度有其局限性，但在借鉴教会法基础上确立的法律规则也是实践经验的结晶，一定程度上体现了对神示证据的抗议和对司法公正的渴求。同时，使用证明对象一致、没有明显矛盾、具有同样证明作用的 1/2 证据、1/4 证据来证明案件事实体现了孤证不能定案的精神和证据之间需要相互印证的理念。从要求据以定案的证据之间相互印证这一层面来看，法定证据制度和刑事证据印证规则具有相似性。此外，和法定证据制度一样，刑事证据印证规则也注重法律对证明力强弱的评判，并对比作出明确规定。由此，有学者认为，刑事证据印证规则表明了我国证据立法注重规范证据证明力，表现出新法定证据主义倾向。①

在主张定案证据之间应当不矛盾、作用方向一致，即定案证据应具有同质性上，法定证据制度和刑事证据印证规则是一致的。但对于证明力的评判，二者则显示出极大的差异。具体而言，法定证据制度对每个证据的证明力作出绝对化、划一的规定，法官只是扮演着一个计算器的角色，不能自由判断证据证明力。法定证据制度对法官形成内心确信、正确回溯和构建案件事实形成妨害。刑事证据印证规则对于相互印证的任意一个证据和全案证据的证明力衡量并不设置具体公式，而是设定了证明标准，其他的则交由法官结合具体案情，借助其他证据规则，运用逻辑和经验进行个案评价。在刑事证据印证规则的视域下，法定证据制度下的两个以上证据构成的所谓完整证明实质上多是由不适格证据形成的形式印证、虚假印证。当前立法和司法

---

① 　陈瑞华：《论证据相互印证规则》，载《法商研究》2012 年第 1 期，第 112 页。

实践中存在机械适用刑事证据印证规则的倾向。如对于前后不一的口供或者证人证言，不论是庭前作出还是当庭陈述，谁和全案其他证据相印证则采信谁。这忽视了证据可信性的基础来自证据的适格性、证据可信性的增强来自该证据与其他证据的印证关系所提供的证明力和担保效力，背离了刑事证据印证规则的应有之义。应然意义上的刑事证据印证规则是体现司法理性的，法官在刑事证据印证规则框架之内对个案精准评价有利于实现个案衡平、实质正义。

三、刑事证据印证规则与自由心证证据制度的关系

自由心证制度是继法定证据制度之后发展起来的证据制度。不同于法定证据制度对证据证明力进行公式化、机械化的规定，自由心证更强调审理者调动自身的能动性，无论是大陆法系还是英美法系都赋予审理者在证明力的判断上更大的自由裁量空间，允许审理者在法律框架内依据其理性和良知自由判断并形成内心确信。理性不仅指逻辑理性，还包括经验理性。良知则强调审理者的情感、认知结构对裁判的影响。

自由心证并不意味着恣意判断，自由心证之自由是在证据规则、逻辑法则、经验法则、正当程序以及证据与证明对象制约下的自由。其一，两大法系国家纷纷通过判例和立法确立起证据规则，① 都通过证据规则划定了证据准入的门槛，自由心证不能突破证据能力规则的限制，同时，自由心证过程在内心确信形成之时结束，内心确信形成的判断标准来自证明标准规则，自由心证受到证明标准规则的制约。其二，逻辑法则约束着自由心证的过程和结果，审理者的论证过

---

① 我们常常有这样一种定势思维，认为大陆法系国家和地区的立法形式是法典化的制定法，英美法系国家和地区的立法形式是判例法，分别将大陆法系、英美法系与制定法、判例法等同起来。事实上，无论是大陆法系还是英美法系并非只有单一的立法形式，大陆法系也有判例制度，英美法系也有大量的成文法典。

程要符合逻辑理性，不能背离逻辑推理自身的规律。在逻辑法则的指导下，自由心证是具备逻辑形态的，展现出形式理性的样貌。其三，经验法则不是法官个人的经验而是法官群体的共识或者社会群体的共识，审理者评价证据与证明对象的关联性时，经验法则以证明力评判标准的姿态表现出来，构成支撑推论合理性的基础，审理者援用具体的经验法则有利于实现个案精准裁判。其四，自由心证是在诉讼程序中进行的，受到正当程序原则和程序规范的限制，如直接言词审理原则、法官回避制度等。诉讼程序以程序制约的形式直接约束审理者的自由心证过程，保障自由心证的可预测性。其五，证明对象决定了法庭审理的范围，审理者心证形成的素材是控辩双方围绕证明对象所提供的证据及质证情况。综上所述，自由心证并不是一个绝对主观化的过程，而是审理者主观判断结合逻辑理性和经验理性等客观规律的论证过程，有规律可循。

由于刑事司法实践中出现了法官采信公诉机关提出的看似相互印证的证据作为定案根据而作出错误判决，最终导致冤案发生的情况，部分学者认为片面追求印证的形式主义倾向与自由心证制度相背离。[①] 在关于印证的类型划分中，我们已经论述了这类虚假印证只有印证之形而无印证之实，本质上不属于印证。规范意义上或者说应然意义上的印证指的是实质印证。因此，刑事证据印证规则不是机械的证明力评判规则。法官适用该规则来构建证据链、评价全案证据的综合证明力和认定案件事实时，需要发挥主观能动性进行对单个证

---

① 例如，学者左卫民提出需要严格区分印证和自由心证的适用范围。印证主要作用于审前事实、指控事实的构建，偏重于对被追诉人供述之外的外部证据尤其是客观性证据的认定；自由心证主要作用于审判事实的构建，偏重于对被追诉人供述等主观性证据的审查与判断。见左卫民：《"印证"证明模式反思与重塑：基于中国刑事错案的反思》，载《中国法学》2016 年第 1 期，第 175 页。又如，学者蔡元培认为自由心证强调的是经过法庭上充分的举证质证和交叉询问，法官凭借对证据的直接感知来加以判断，而印证关注的是证据锁链的客观性和可检验性，依赖反复的书面审理。易言之，书面审理与印证相对应，自由心证则对应着言词审理。见蔡元培：《论印证与心证之融合——印证模式的漏洞及其弥补》，载《法律科学（西北政法大学学报）》2016 年第 3 期，第 177 页。

据和全案证据的综合评价，需要借助逻辑法则和经验法则来构筑案件事实雏形。由此观之，刑事证据印证规则和自由心证证据制度都体现了司法理性主义的精神内核，都符合于认识规律，都是对审判规律的掌握和运用。

刑事证据印证规则适用过程所体现出的价值追求、对法官的指引和约束，与自由心证证据制度的价值追求、赋予审理者的权限和对审理者的约束是不谋而合的。换言之，刑事证据印证规则是一项与自由心证证据制度相兼容的证据规则，刑事证据印证规则与自由心证证据制度并不冲突。[①] 在不同的社会形态中，规则与裁量始终是并存的，不论自由裁量的空间是局促还是广泛，裁量权都要受规则的制约。[②] 不同于两大法系，自由心证制度经历了数百年的历史积淀且对逻辑法则和经验法则的研究和实践趋于成熟，我国在国家法律层面尚未确立自由心证制度。借鉴域外自由心证制度已是共识，在我国逻辑法则和经验法则尚不完备的前置条件缺失的情形下，为避免自由心证制度移植中的不兼容和克服自由心证制度的局限，[③] 完善和适用融合逻辑理性和经验理性的刑事证据印证规则是一个可行的路径。

第三节　刑事证据印证规则在证据规则体系中的定位

我们可以从以下几个方面来认识刑事证据印证规则在刑事证据规则体系中的定位。首先，刑事证据印证规则隶属于证明力规则中的

---

① 李建明：《刑事证据相互印证的合理性与合理限度》，载《法学研究》2005 年第 6 期，第 25-26 页。

② 周长军：《刑事裁量权论——在划一性与个别化之间》，中国人民公安大学出版社 2006 年版，第 120 页。

③ 杨建文、张向东：《印证规则与刑事错案预防》，载《法律适用》2013 年第 6 期，第 43-44 页。

相关性引导规则。其次，证明标准规则规定了案件事实需要达到的证明程度，居于证明力规则的首位，对其他证明力规则有统摄作用。因而，刑事证据印证规则受证明标准规则的引导，完整稳定的证据链应符合法定证明标准。最后，不少学者主张证据链或印证是一种为实现证明标准而使用的证明方法，[①] 而证明方法侧重于规范有关证明过程如何开展的技术性问题，如庭审中证明责任如何分配、交叉询问如何进行等，刑事证据链或者刑事印证则侧重于判断案件证据综合证明力是否达到证明标准，因此，刑事证据印证规则不同于证明方法规则。

一、刑事证据印证规则是证明力规则

有学者提出，刑事证据印证规则是限制单个证据证明力和评判全案证据综合证明力的规则。[②] 更准确来说，刑事证据印证规则隶属于证明力规则中的相关性引导规则。对于何谓相关性，我国学者基本达成了共识，即相关性又可称为关联性，也有学者称之为证明性，是指证据所具有的反映一定案件事实的属性，相关性体现了证据信息与待证事实之间所存在的某种客观联系。[③] 从我国刑事立法和刑事司法实践来看，我国的相关性理论存在些许不足。一方面，我国刑事诉讼法历经数次修正，均未就相关性的基本内涵和具体规则进行明确规定和梳理，相关性只是隐含于刑事诉讼法所规定的证据定义之后。另一方面，虽然学界和实务界普遍认可相关性是证据与待证事实之间的联系，但是对于待证事实都包含哪些，除了实体法事实之外，是

---

① 龙宗智：《刑事印证证明新探》，载《法学研究》2017 年第 2 期，第 156—159 页；杨建文、张向东：《印证规则与刑事错案预防》，载《法律适用》2013 年第 6 期，第 43 页；李建明：《刑事证据相互印证的合理性与合理限度》，载《法学研究》2005 年第 6 期，第 26 页。

② 陈瑞华：《以限制证明力为核心的新法定证据主义》，载《法学研究》2016 年第 6 期，第 149 页。

③ 陈一云主编：《证据学》，中国人民大学出版社 1991 年版，第 101 页。

否覆盖程序法事实，是否涵盖证据法事实，未有定论。这使得刑事司法实践中证据法事实常常被排除在待证事实之外。司法实践中会采用用于证明主要证据可信性的证据材料，如证明证据保管链完整的证据材料，但对于这类域外称之为辅助证据的证据材料是否属于我国法律意义上的证据，以及这类证据材料是否与案件事实有相关性，理论研究和司法实践的答案并不明确，甚至常常持否定态度。可见，对于证据法事实是否与案件具有相关性这一问题，人们的观点是前后矛盾的。我国对相关性的理解仍具有较大的模糊性，对相关性的研究有待突破现有的宽泛式、表面化理解，向纵深拓展。

从两大法系的相关性理论来看，司法证明同样实行自由心证制度，但大陆法系国家和英美法系国家的关联性理论和立法呈现出截然不同的图景。在大陆法系国家，相关性是一个不言自明的概念，指的就是存在于证据和证明对象之间的一种联系。这种联系既可以是二者在逻辑上的联系，也可以是二者在经验上的联系。大陆法系国家的证据立法中鲜有明确规定相关性这一概念。为避免重蹈法定证据制度的覆辙，大陆法系国家对证据相关性的判断采取较为宽松的态度，法律设定证据禁止规则的清单，并对逻辑法则和经验法则的运用设置一定的限制，在这些规定之外的关于证据取舍和证明力评判的场域里，法官行使自由裁量权。大陆法系中的一些国家虽然设置了陪审团或陪审员制度，但这种设置更多是制度点缀，刑事审判仍以法官为主导，不需要像英美法系国家那样担心陪审员错误取舍和评判证据而设置一系列的证据规则。因此，大陆法系国家的相关性理论较为粗疏，没有详尽的类型划分和浓厚的法律技术色彩。①

在英美法系国家，相关性是证据法体系中的基础性概念，法律对证据相关性问题颇为重视，并对相关性规则进行了细致刻画。这和英美法系国家受法定证据制度荼毒较少，且随机产生的陪审团的法律

---

① 李树真：《精细化司法证明中逻辑与经验基本问题研究》，中国社会科学出版社 2012 年版，第 99-100 页。

专业知识和司法经验不足、容易受误导有关。和大陆法系国家将相关性视为证据的固有属性不同，英美法系国家的证据立法更强调相关性是结合具体案件在分析和判断证据过程中才被赋予意义的相对性概念。① 相关性包含实质性和证明性两项要求，前者指的是证据是针对当事人的争议事项提出的，后者指的是证据能使待证事实的成立更有可能或者更不可能。② 斯蒂芬主张相关性包括逻辑相关性、法律相关性。当一项具有逻辑相关性的证据因某种特殊的法律政策而不被法院采纳时，该证据虽然不具有法律相关性，但仍有逻辑相关性。③ 塞耶基于斯蒂芬的理论提出了一般意义上的相关性和可采性的概念，一般意义上的相关性对应着逻辑相关性。塞耶主张不具有逻辑证明力的证据材料无可接受性，具有逻辑证明力的证据材料只要不具有特殊法律政策的排除事由就具有可接受性。塞耶的理论解决了什么样的证据是可采的这一问题。④ 一言以蔽之，英美法系国家的相关性理论经历了模糊到精确、从组合到分化的历程。当前语境下的证据相关性指的是一个证据能在逻辑上证实或者证伪某一争议事实。

结合刑事证据印证规则的内在精神，具有证据能力的证据获得其他证据印证时，该证据的证明力得到确认和担保。如果一项证据没有得到其他证据印证，该证据所指向的待证事实就处于真伪不明的状态，审理者不得依该孤证定案，以此形成对审理者的约束。刑事证据印证规则作为证据证明力要求，⑤ 不仅涉及具有证据能力的单个证据相关性的判断，还涉及具有证据能力的多个证据组合成的综合证据的相关性的判断。刑事证据印证规则引导审理者判断不同证据与

---

① 李树真：《精细化司法证明中逻辑与经验基本问题研究》，中国社会科学出版社 2012 年版，第 102 页。

② 李树真：《精细化司法证明中逻辑与经验基本问题研究》，中国社会科学出版社 2012 年版，第 101 页。

③ See Peter Murphy：Murphy on Evidence，Blackstone Press Limited 2000. p. 8.

④ See J. L. Montros：Basic Concepts of the Law of Evidence，The Law Quarterly Review，1954（70）. p. 531.

⑤ 陈瑞华：《论证据相互印证规则》，载《法商研究》2012 年第 1 期，第 113 页。

证明对象的关联，从而评价单一证据在证明体系中的证明价值，并评价所有证据所形成的证明体系的综合证明价值。因此，刑事证据印证规则是证明力规则，更准确而言是相关性引导规则。

无论是司法实践中还是理论研究中，至今仍存在这样一种误解，该观点认为依证据之间的相互印证关系可以分辨某个证据的真伪。[1]笔者认为，单项证据的真实性、可靠性来自该证据本身。[2] 如果一项证据来自犯罪过程或者诉讼阶段，取证主体适格、收集程序合法、证据本身符合法定的证据形式，则该证据为真，可以被纳入法庭审理的范围。只是最终是否依据该证据认定案件事实则取决于审理者是否采信该证据。一项伪造的证据也可以和其他证据形成相互印证的关系。和其他证据相印证并不必然表明该证据具有真实性。一言以蔽之，证据之"真"源自证据本身，不是来自证据以外，亦非来源于证据之间内含信息的同一性或者同质性。

二、刑事证据印证规则受证明标准规则的引导

证明标准规则是关于评判案件事实需要达到的证明程度的规则。如果举证方对案件事实的证明未达到法定的证明标准，认证方即事实裁判者将就此得出否定性裁判结果。例如，在刑事审判中，事实裁判者认为综合全案证据尚不足以排除合理怀疑的，就认定被告人无罪。如果举证方对待证事实的证明达到了法定的证明标准，裁判者就可以据此认定案件事实并作出相应裁判。

证明标准就像一把有既定标准的刻度尺，用于量度具体案件全案证据的综合证明力是否达标。如果没有确定的证明标准，司法证明活动将无序、混乱、失去方向，也会滋生恣意裁判，衍生出司法腐败

---

[1] 李建明：《刑事证据相互印证的合理性与合理限度》，载《法学研究》2005 年第 6 期，第 26 页。

[2] 闫召华：《论不可靠刑事证据的排除》，载《当代法学》2020 年第 3 期，第 90 页。

和司法不正义。证明标准确立了司法证明活动的目标，全案证据链是否达到完整、稳定、闭合的程度取决于相应案件事实是否达到证明标准。司法者往往期待立法者通过具体的数量和尺度来细化证明标准，但证明标准一直以来都是以理念形式而非数量标准的形式存在的。[1]刑事证据印证规则确立起逻辑清晰的通往证明标准之路的过程管理规则，通过细化的子规则将证明标准融入司法证明活动的具体过程之中。因此，证明标准规则在证据规则体系中居于基础性、首要性地位，在证明力规则中亦处于首要位置，统摄其他证明力规则。刑事证据印证规则作为证明力规则，受到证明标准规则的制约和引导，刑事证据印证规则是对证明标准规则在刑事案件事实判断过程中的细化。

三、刑事证据印证规则不同于证明方法规则

如前所述，理论研究中存在着将印证视为证明方法的主张，然则这一观点不够妥当。印证不同于证明方法，刑事证据印证规则不同于证明方法规则，理由如下。其一，证明方法主要指在用证据证明案件事实的过程中使用的逻辑方法，涉及演绎法、归纳法、回溯法、反证法、排中律等质证方法，以及证明责任分配，解决的是开展证明活动的技术性问题。刑事印证规则用于判断全案证据综合证明力是否达到证明标准。因此，刑事证据印证规则和证明方法规则要解决的问题不同。其二，刑事证据印证规则之所以被认为是证明方法规则，主要是持这一观点者看到了刑事证据印证规则对司法证明活动的指引作用，而从这一层面来审视该规则，并认为印证是一种证明方法。事实上，所有证据能力规则和证明力规则都为司法证明提供指引，但如果认为某一证据能力规则或证明力规则属于证明方法规则，显然是十分荒谬的。譬如，不会有人主张法庭科学规则属于证明方法规则。虽

---

[1]　毛立华：《论证据与事实》，中国人民公安大学出版社 2008 年版，第 271-273 页。

然刑事证据印证则和证明方法规则分别属于不同种类的证据规则，但二者在司法证明中都是必不可少的，共存于司法证明活动中。证据链的形成过程中需要运用到演绎法、回溯法等多种证明方法。

第三章　刑事证据印证规则的理论基础

刑事证据链规则的基本要求古已有之，我国古代刑事司法经常提及的"诸证一致""人证、物证俱在"就带有印证的意味。① 哲学、心理学等领域相关研究成果为刑事证据链规则提供了合理性基础。

第一节　刑事证据印证规则的哲学基础

融贯论、符合论、最佳解释推理为刑事证据印证规则提供了哲学依据。②

一、融贯论

在真理论的框架下，融贯论是与符合论相对应的概念。对于何为真理，融贯论和符合论持不同观点。融贯论深受理性主义的影响，重视演绎的作用，主张一个命题是否为真理取决于该命题与其他命题的依赖关系。而符合论更多受到经验主义的影响，强调经验或者说人的知觉的效用，强调一个命题符合事实时则该命题为真理。③

---

① 王志强：《论清代刑案诸证一致的证据标准——以同治四年郑庆年案为例》，载《法学研究》2019年第6期，第195页。

② 龙宗智：《印证与自由心证——我国刑事诉讼证明模式》，载《法学研究》2004年第2期，第107-109页。

③ 曾志：《西方知识论哲学中的真理融贯论》，载《社会科学辑刊》2005年第1期，第6-9页。

（一）融贯论的特征与判断标准

要给出融贯论的精确定义是一件极具挑战性的任务，至少当前理论研究对此尚未达成一致。但融贯论难以精准定义并不等同于无法认识和理解融贯论本身。[①] 可以从融贯论的特性出发，来刻画和揭示融贯论的面相。首先，融贯论强调不同理由或者论据构成的集合中诸要素之间的无矛盾性，任意一个理由或者论据的对立面无法证成同一结论，因此，在支持结论的理由或者论据之中不存在相互对立的理由或者论据。其次，融贯论还强调从理由或者论据到结论或者信念的逻辑一致性，即在用于支持结论的理由或者论据的集合中，任意一个理由或者论据都是支持结论的，不能既支持结论又否定结论。再次，融贯性不等同于逻辑一致性。逻辑一致性指的是命题之间在逻辑上不存在矛盾，既包括理由或者论据之间不存在矛盾，也包括理由或者论据对结论或者信念有支持作用，还包括理由或者论据所支持的结论或者信念之间不存在矛盾、相互支持。[②] 逻辑一致是融贯的必要不充分条件，一个融贯的体系除了要求命题之间逻辑一致外，还有更为严格的要求，在麦考密克看来，这种更为严格的要求表现为在融贯的体系之中，各个命题合起来不是一个松散的命题集合，各命题之间融合为一个整体，这个整体因产生意义而呈现出来的性质就是融贯的深层次要求。[③] 这种性质即系统的涌现性，将在第五章第二节中予以详述。最后，在某种意义上，融贯性是关于融贯程度的表达，当一个体系中不一致的命题越少、命题之间的联系越是紧密，则融贯程度越高，反之，不一致的命题越多、命题之间的联系越疏远则该体系的融贯程度越低。从相对合理主义的理论评价视角出发，除了数理逻辑

---

① 陈曦：《法律融贯论辨析》，载《北方法学》2017 年第 6 期，第 94 页。

② 当前的研究中，学者们对此更多强调的是，命题之间不存在矛盾，而较少谈及支持作用。如蔡琳对于逻辑一致性的阐释。见蔡琳：《法律论证中的融贯论》，载《法制与社会发展》2006 年第 2 期，第 120–121 页。

③ 侯学勇：《融贯性的概念分析：与一致性相比较》，载《法律方法》2009 年第 2 期，第 124–126 页。

的体系可以尽善尽美之外，现实中很难存在一个完美融贯的体系。因而，一个体系中存在不一致的命题或者个别命题之间的联系不紧密是可以被允许的，这种不一致或者不紧密可以通过某些手段予以修正或解释。只有当这种不一致或者不紧密超过了一定限度且无法修正或解释而致使体系内诸命题之间难以形成一个融合的整体时，这个体系才是确切的不融贯的。

对于融贯的外在判断标准，佩兹尼克和阿列克西在其共同发表的文章中提出了自己的看法，他们主张一个融贯的体系在结构上应当符合若干个要求，至少包括：其一，支持关系的多寡。此支持关系指的是可以从理由或者论据推论出结论，不同的理由或者论据可以对同一结论具有支持作用，不管理由或者论据数量多少，只要是对同一结论具有支持作用则支持关系为一，易言之，支持关系的数量取决于结论的数量。其二，支持链条的长短。所谓支持链条指的是不同理由或者论据因支持同一结论而形成的论证链条，通常情况下，理由或者论据越多，则支持链条越长，对结论的支持作用越大，结论越可靠。其三，支持链条的强度。理由或者论据的数量并非越多越好，雷同或者重复的理由或者论据的数量增加意义不大。因此，为了有质量地延长支持链条的长度，不应单纯追求理由或者论据的数量，而需要增强理由或者论据的广泛性、多样性，通过不同种类的理由或者论据来提升支持链条的强度和结论的可靠性。其四，不同支持链条之间的关联性。在一个融贯的体系内，不同支持链条或者论证链条之间相互联系、相互支持，构筑起一个紧密相连的网络，没有一个支持链条或者论证链条是多余的、无用的。其五，不同理由或者论据之间的优先次序。其六，不同理由或者论据之间的证立关系等。[①]

（二）法律论证中的融贯论

法律视域下的融贯论包含法律体系内的融贯论、法律论证中的

---

① 侯学勇：《什么是有效的法律规范？——法学中的融贯论》，载《法律方法》2009 年第 8 卷，第 369 页。

融贯论。① 法律体系内的融贯论着眼于法律论证的外部证成，侧重于判断法律论证中三段论演绎推理的前提是否为真，法律体系内部各个组成部分之间是否融贯，以德沃金为代表。② 法律论证中的融贯论则是基于法律论证的内部证成，侧重于判断法律论证过程中演绎推理是如何开展、裁判结果是如何形成的，以佩兹尼克、阿列克西等学者为代表。麦考密克从规范和事实二分法的角度出发，将法律论证中的融贯论划分为规范性融贯论和叙述性融贯论。③ 规范性融贯论面向的是法律规则能否证立，叙述性融贯论或事实性融贯论针对的则是依证据进行的法律推论和推论出的结论能否证成的问题。④ 换言之，前者主要负责价值判断，后者则从整体视角来回溯构建事实。二者相互衔接，共同构成法官裁决的逻辑基础。⑤

研究刑事证据印证规则从一定程度上而言就是解决法律论证中如何落实叙述性融贯论的问题，换言之，即叙述性融贯论如何指导裁判形成的问题。

法律论证为何需要融贯论呢？如前所述，法律论证的融贯论面向的是裁判是如何形成的这一问题。一方面，法官需要在事实和规范之间往返流转，利用证据能力规则排除无证据资格的证据，结合证明力规则对筛选后余下的证据之证明力作出内心的判断，随后采信具有一定证明力的证据作为定案根据，对从定案根据中提取的证据事实进行组合、拼凑来构筑案件事实并形成内心确信，从而形成裁判。法官为适用法律、采信证据等而进行的说理构成一个融贯的信念或命题集合，是法官作出正确裁判的充要条件。另一方面，法律规则的权

---

① 蔡琳：《融贯论的可能性与限度——作为追求法官论证合理性的适当态度和方法》，载《法律科学（西北政法大学学报）》2008 年第 3 期，第 64-66 页。

② 侯学勇：《融贯性论证的整体性面向》，载《政法论丛》2009 年第 2 期，第 75 页。

③ See Neil MacCormick, Coherence in Legal Justification, Theory of Legal Science, 1984, pp. 235-251.

④ 蔡琳：《法律论证中的融贯论》，载《法制与社会发展》2006 年第 2 期，第 121 页。

⑤ 徐梦醒：《语用视野下的描述性融贯——由间接证据的分析切入》，载《法律方法》2013 年第 14 卷，第 308 页。

威性要求其须具备稳定性，不得随意变更。即使启动变更程序，法律规则的变更不仅需要经历不同利益的力量博弈、不同价值追求的冲突，还需要付出时间、精力、财力等成本，加之社会现象处于瞬息万变的状态之中，再精明聪颖的立法者在立法之时亦难以穷尽未来社会中可能出现的法律关系的样态。因此，法律规范往往滞后于社会变迁的步伐，成文法难免存在漏洞。在这种情况下，法官形成判决的过程中不仅仅依赖成文的法律规范，还需要依托法官对法律进行解释。统而言之，融贯论为法官心证过程和司法裁判形成过程创设了一套理性的约束机制，为评价法官论证的合理性和说理的充分性提供了一个外化的、可感知的判断标准，是论证是否终结的指挥棒。[①] 当法官的论证过程达到了融贯的程度，则其论证过程和论证结论达到了能为人们普遍接受的合理的程度，其说理已经足够充分，由此，论证活动可以终止。

结合佩兹尼克和阿列克西关于融贯的判断标准，在法律论证中，法官应当至少从以下两方面做出努力：其一，法官在司法证明过程中应当尽其所能提供不同的理由或论据让支持结论的链条更丰富、更完善；其二，法官在司法证明中应当关注不同理由或论据对结论的支持关系之强弱，而不可一味追求某一种支持关系的数量之多寡。[②]

印证或者证据链实质上就是法官为证立裁判而进行的融贯的法律论证。刑事证据链规则符合融贯论的要求。融贯论认为，一个命题之所以为真，是因为它和其他命题联合起来形成了逻辑严密的系统。[③] 在这一融贯的系统中，各个命题之间是紧密联系的，它们相互支持，能为彼此进行价值证成。证据因所包含的信息是对案件事实的

---

① 侯学勇：《融贯论在法律论证中的作用》，载《华东政法大学学报》2008 年第 4 期，第 3 页。

② 蔡琳：《法律论证中的融贯论》，载《法制与社会发展》2006 年第 2 期，第 122 页。

③ ［美］米尔吉安·R. 达马斯卡：《比较法视野中的证据制度》，吴宏耀、魏晓娜等译，中国人民公安大学出版社 2006 年版，第 291 页。

判断而表现为命题。[①] 从融贯论的视角来看，刑事证据链是一个逻辑自洽的证明体系，相同或不同表现形式的证据之间之所以能相互印证，正是因为这些证据包含的证据信息具有同一性，都指向同一待证事实。在根据证据推导事实真相的过程中，只有与其他证据逻辑一致的证据才能被放到证据链上，如果有证据与其他证据相冲突且这一冲突无法消除，则证据链断裂。

二、符合论

与产生于近代哲学的融贯论不同，符合论可以追溯至亚里士多德所处的古希腊时代。尽管符合论也受到不同学者的质疑，如符合论中的符合该如何界定，符合的程度是基本符合、不存在矛盾还是完全一致，经验之内的命题与经验之外的事实之间的符合关系难以验证。[②] 又如人文社会科学中对同一问题的具有同等合理性的不同解释，哪种是真理、是否存在多元真理等。不可否认的是，法律论证离不开符合论这一哲学基础理论的支撑。

（一）符合论的内涵

如前所述，符合论受到经验主义的影响，强调经验或者说人的知觉的效用，当一个命题符合事实时则该命题为真。事实是对事物实际情况的陈述，是对客观存在的事物的认识，而非事物本身。事实不同于物、事件。具体来说，对于物而言，我们谈论该物是否存在而不会探讨该物是否为真，例如恐龙是否存在的问题。用于呈现物的思维方式的是概念，用于表达概念的语言形式是语词。而与之相对应，呈现事实的思维方式则是命题，用于表达命题的语言形式为陈述句。对于

---

① 薛爱昌：《为作为证明方法的"印证"辩护》，载《法学研究》2018 年第 6 期，第 28 页。

② 王震：《真之符合论：困境与思考》，载《宁波大学学报（人文科学版）》2019 年第 1 期，第 62 页。

事件而言，我们讨论该事件是否发生而不涉及该事件的真假判断。尽管表达事件的语言形式也是陈述句，但事件和事实仍有不同。一方面，事件在一定时空条件下是既存又在的，而事实可以存而不在、不受时空条件变化的影响，如一年前张三偷了李四的珠宝，这在一年前是事实，在当下也是事实。另一方面，事件是现实世界中的概念，事实则是论证世界里用于得出结论的前提。尽管事实和事件、物有不同，但亦有联系，已经存在的物或者已经发生的事件中通常包含多个事实，为了还原完整的事件，人们可以从物或者事件中截取部分事实来推知其他部分事实。物、事件是事实的载体，而不是事实本身。[①]统而言之，物是否存在、事件是否发生属于本体论的范畴，不涉及真假判断。而事实不是一种自在之物，它为人的意识所感知并通过命题表达出来，需要判断该事实是否为真，即判断表达该事实的命题是否为真。事实属于认识论的范畴，它面向的是人的认识问题，描述事实的命题是用于判断命题或者理论体系之真假，当命题或者理论体系符合事实或者具有普遍性和必然性的认识时则为真或者真理。

（二）符合论和融贯论的连结点

在传统哲学研究中，符合论和融贯论是作为两种相互对立的关于真理的理论被讨论和研究的。一些先哲们试图去寻求二者之间的连结点，探索二者共存的可能性，但常常无功而返，或者只是行迈靡靡、施施而行。但戴维森和斯宾诺莎等哲学家的思考和努力指引了真理论进一步发展的方向。在定义与标准二分法的视域下，对于命题的真假判断，符合论提供了关于真或者真理的定义，融贯论则提供了关于真或者真理的标准。作为真或者真理标准的融贯论有个预设的前提，即真或者真理是存在的，而这种真或者真理的意涵就需要符合论来提供，并且在判断一个体系是否融贯之前，需要确保该体系中诸命题为真，通过假命题来维系的融贯体系是没有意义的，不是融贯论所

---

① 张继成：《证据基础理论的逻辑、哲学分析》，法律出版社 2011 年版，第 12–19 页。

要追求的融贯体系。融贯论必须借助符合论才能解决一致性等融贯标准在判断过程中可能遇到的种种障碍。①

（三）法律论证中的符合论

当一个具有普遍性的命题为真时，我们称之为真理，而诉讼证明中事实命题的真假判断针对的是具有偶然性的命题，当这种偶然性命题为真时，尽管在英文中都可以表达为 truth，但在中文语境中鲜有称之为真理的，譬如，我们通常认为"张三偷了李四的珠宝"是真理这种说法在中文里是会被贻笑大方的。因此，司法证明中的某个命题为真时，我们习惯称之为真实。在诉讼过程中，事实裁判者的职责就是判断一系列事实命题的真假，从而最终针对案件事实做出裁判。②

如前所述，符合论提供了关于真或者真理的定义，融贯论则提供了关于真或者真理的标准。在司法证明领域，真实是一个体系性的概念，单一的关于真或者真理的理论都不足以清楚地阐释司法之真实的完整意涵。以符合论为基础的客观真实论鼓吹的是一种具有形而上学、实在主义色彩的非认识层面的司法之真实的理论，以融贯论等为基础的法律真实论阐明的则是认识层面的关于司法之真实的证成方案的理论。③ 易言之，符合论提供了司法之真实的意义，融贯论提供了司法中真实的标准。④ 前者提供了追求司法之真实的本体论路径，后者则提供了追求司法之真实的认识论路径。⑤

---

① 李主斌：《符合论 VS. 融贯论?》，载《自然辩证法研究》2011 年第 9 期，第 15、19 页。

② 薛爱昌：《重回认识论：再论司法中的"真实"》，载《法律方法》2016 年第 2 期，第 194-195 页。

③ 以融贯论等为基础的法律真实体现了实质合理法律观向形式合理法律观的转变。这种实质合理带有形而上学的终极意义，而形式合理则注重追求处理事情的形式上的公正标准。现代法治国家侧重于追求形式合理。见樊崇义：《刑事诉讼法学方法论》，中国人民公安大学出版社 2020 年版，第 37 页。

④ 薛爱昌：《重回认识论：再论司法中的"真实"》，载《法律方法》2016 年第 2 期，第 203-204 页。

⑤ 陈锐：《论法律真理》，载《法学论坛》2009 年第 4 期，第 38 页。

刑事证据链规则具有来自符合论的支持。[1] 质疑刑事证据印证规则合理性的理由通常是，印证过于强调证据之间的外在联系，有将我国引入法定证据主义泥潭的危险。实践中的虚假印证往往将证据的真实性建立在其他证据上，混淆证据资格和证明力，过于倚重对证据之间逻辑关系紧密程度的审查判断，而忽视对证据本身真实性、可靠性的审查。当证据材料本身不为真时，这些证据材料即使形式上逻辑一致也没有意义，不得以对证明力的审查判断来取代对证据本身真实可靠与否的判断。因此，刑事证据链上的证据仅在内容上相互支持是不够的，还要求证据本身真实可靠。换言之，刑事证据链规则不仅要符合融贯论的要求，还需要获得符合论的支持。符合论认为，一个命题为真，是因为该命题符合实在。在证据法学领域，案件事实是审理者依据法律、良知和理性在审查、判断、运用证据后所获得的法律事实。案件事实和证据之间具有因果关系。质言之，证据应来源于客观事实，具有可靠性。

三、获得最佳解释的溯因推理

刑事证据印证规则符合最佳解释推理。最佳解释推理即溯因推理。该理论认为，由特定事实结果去回溯推理事实的形成过程会有若干种解释。其中，最合理的解释可以用来认定事实形成过程。[2] 易言之，溯因推理是一个从某些被认识到的现象向前追溯、探究现象的原因的过程。[3] 溯因推理被沃尔顿称为演绎推理、归纳推理之外的第三

---

[1]　龙宗智：《刑事印证证明新探》，载《法学研究》2017 年第 2 期，第 157-158 页。

[2]　See Ruth Weintraub, Induction and inference to the best explanation, Philosophical Studies, Vol. 166, 2013, p. 210.

[3]　［加］道格拉斯·沃尔顿：《法律论证与证据》，梁庆寅、熊明辉等译，中国政法大学出版社 2010 年版，第 44 页。

种推理类型。① 起初，溯因推理是计算机科学中惯用的推理方法。② 随着英美法系国家新证据法学的兴起，③ 溯因推理被引入司法证明中。④ 在司法证明领域，通过证据探寻案件事实真相的过程就是一种获得最佳解释的溯因推理过程。⑤ 裁判者在事实裁量的过程中着眼于证据与案件事实之间的因果关系。面对可采的诸项证据，事实裁判者选择采信某项证据是因为他认为目前根据该证据作出的解释是最有说服力和可信度的，⑥ 如果他不采信某一项证据，则是认为还有其他证据所提供的解释比它更有说服力。事实裁判者运用客观知识和经验法则，在不断地比较和判断中找到最佳的解释，从而对证据进行取舍、给案件事实下结论。⑦ 这一推理过程可以通过图示展现，详见图 3-1。

（一）何为最佳解释

最佳解释推论或者说回溯推理具有盖然性，推理所得的结论是当下能获得的最为合理的解释答案，但这种答案可能是暂时的、随时可能被推翻的。易言之，通过最佳解释推论或者说回溯推理获得的解

---

① ［加］道格拉斯·沃尔顿：《法律论证与证据》，梁庆寅、熊明辉等译，中国政法大学出版社 2010 年版，第 106 页。

② 在计算机科学中，如果有一个给定的知识库且从那个数据库中得出了一个结论，那么溯因推理往回找到那个知识库并从中导出那个结论的前提。见［加］道格拉斯·沃尔顿：《法律论证与证据》，梁庆寅、熊明辉等译，中国政法大学出版社 2010 年版，第 44 页。

③ 伦伯特在《新证据法学派》中提出了"新证据法学派"一词，用来指 20 世纪以来融合各种跨学科思想和创新方法的证据法学流派。见栗峥：《司法证明的逻辑》，中国人民公安大学出版社 2012 年版，第 27 页。

④ See Michael S. Pardo, and Ronald J. Allen. Juridical Proof and the Best Explanation, Law and Philosophy, vol. 27, no. 3, 2008, pp. 223-268.

⑤ 缪四平：《溯因推理及其在诉讼程序中的应用》，载《江西社会科学》2011 年第 9 期，第 160 页。

⑥ 向燕：《论司法证明中的最佳解释推理》，载《法制与社会发展》2019 年第 5 期，第 191 页。

⑦ 李建明：《刑事证据相互印证的合理性与合理限度》，载《法学研究》2005 年第 6 期，第 26 页。

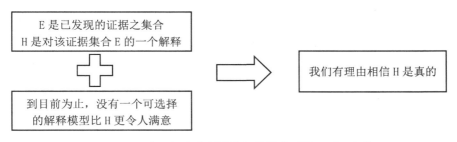

图 3-1　司法证明中获得最佳解释的溯因推理过程图①

释具有可废止性。② 一个更为合理的解释出现后，会取代此前的解释而成为最佳解释。

尽管最佳解释推论存在盖然性，但不可否认的是，最佳解释推论具有相对合理性。通过推论获得的最佳的解释并非空凭想象力和无依据的推测而产生，而是建立在证据基础之上、经由证据确认的。最佳解释是在和其他几个竞争性解释比较后选出的一个最好的解释，它解决了哪个解释更可信、更合理以及我们可以合理地相信什么这个问题。正是由于最佳解释推论的相对合理性，最佳解释推论得以具备可接受性。③ 最佳解释推论为人们脱离不可知论的困顿提供了一种方法，即去尝试找到一种最为合理的解释。

（二）最佳解释的判断标准

我们该如何判断一个解释比其他解释更好呢？其一，比较不同解释对于证据集合的覆盖面。通常来说，一个解释能够覆盖更多的证据，该解释比其他解释更好。在具体案件中，证据集合中的证据有关

---

① 该模型常常被简称为 IBE 模型。见［加］道格拉斯·沃尔顿：《法律论证与证据》，梁庆寅、熊明辉等译，中国政法大学出版社 2010 年版，第 44-45 页。

② 这是因为法律推理、司法裁判的证成是建立在一系列信念基础之上的。这些信念构成一个集合。法律推理作为不完全信息推理，该集合是可修正的。控辩博弈过程中可能会往前提集里加入新的事实或证据，一旦前提集的元素发生变化，结论也可能随之改变甚至出现相反的结论。见熊明辉：《诉讼论证——诉讼博弈的逻辑分析》，中国政法大学出版社 2010 年版，第 97 页。

③ 论证结论具有可接受性，当且仅当该论证满足以下三个条件：其一，论证前提是真实的、确凿的；其二，论证符合相关性的要求；其三，论证符合充分性的要求。见熊明辉：《诉讼论证——诉讼博弈的逻辑分析》，中国政法大学出版社 2010 年版，第 161 页。

键证据和非关键证据之分，如果一个解释覆盖了大多数非关键证据，但不能解释关键证据或者只能解释少数关键证据，那么这个解释很可能失真，偏离事实真相。因此，对证据集合的覆盖面更大的解释未必是一个好的解释。一个最佳解释不仅要看解释对证据集合的覆盖面，更要关注对关键证据的解释程度。其二，比较不同解释与证据的抵触程度。解释与证据的抵触程度越低，该解释更可信；一个解释的核心内容与证据的抵触，那么该解释就是不合理的。其三，解释本身是否融贯、顺畅，是否符合人们普遍认可的常识和信念。结合这三方面来比较不同解释，有利于我们寻找出对现有证据的最佳解释。如果不同时符合这三点，那么这个解释很可能是不合理的。例如，一个解释是融贯的且覆盖了大部分证据，但与关键证据相矛盾，这个解释看起来是一个结构良好的解释，但很难是贴近事实真相的真的解释。

（三）最佳解释的溯因推理与刑事司法证明的结合

通常意义上最佳解释的判断标准不同于刑事案件中认定案件事实的标准，在要求更为严苛的情境中，最佳解释的要求也会更为严格。因此，符合前述三种情形的解释并不必然成为刑事案件的审理者认定案件事实的最终解释。在刑事案件中，对案件事实的解释还需要经过法定的刑事证明标准的验证，确保已经排除合理怀疑，审理者已经形成内心确信。由此，在刑事司法证明视域下，足以认定案件事实的最佳解释至少需要同时符合以下四点要求。首先，该解释较之于其他解释对证据集合中的证据覆盖度最高，尤其是能够充分覆盖关键证据。一个覆盖关键证据但对所有证据的覆盖率没那么高的解释比证据覆盖率高但不足以覆盖关键证据的解释更好。[①] 其次，该解释较之于其他解释与诸证据的抵触程度最低，尤其是构成解释核心的那一部分不与证据抵触。再次，该解释较之于其他解释，更为结构良好、前后协调一致，更融贯。最后，该解释足以达到排除合理怀疑的

---

① 本书所称证据覆盖率，指的是证据覆盖故事情节的比率，用来衡量故事符合故事情节的程度。

证明程度，审理者对该解释形成内心确信。

第二节　刑事证据印证规则的心理学基础

刑事庭审就是一种带有说服目的的对话，控辩双方通过提出故事、修正故事的形式来开展说服型演讲。[①] 控方通过证成来说服审理者，辩方通过反驳来说服审理者。[②] 故事模型理论、锚定叙事理论和混合式理论等叙事理论为刑事证据印证规则提供了心理学基础。[③]

一、故事模型理论

我们将从故事模型理论的主要内容、必要性与价值、可行性、局限性等层面来解析故事模型理论。

（一）故事模型理论的主要内容

故事模型理论作为一种证据解释手段，回答了事实裁判者在认定案件事实的过程中梳理、分析、整合证据的问题。英美法系国家的学者彭宁顿和黑斯蒂在进行法学与社会心理学交叉研究过程中通过模拟陪审团成员的心理学实验发现，陪审团成员往往通过证据建构的故事来决定是否作出有罪判决。[④] 在若干个备选的用于解释证据的故事模型中，陪审团成员会接受最能解释证据、最有说服力的故

---

① ［加］道格拉斯·沃尔顿：《法律论证与证据》，梁庆寅、熊明辉等译，中国政法大学出版社 2010 年版，第 160 页。

② 熊明辉：《诉讼论证——诉讼博弈的逻辑分析》，中国政法大学出版社 2010 年版，第 145、147 页。

③ 三种理论都以叙事为基础，本书将三者合称为叙事理论。

④ ［美］里德·黑斯蒂：《陪审员的内心世界——陪审员裁决过程的心理分析》，刘威、李恒译，北京大学出版社 2006 年版，第 261-262 页。

事。① 故事模型理论认为，证据通过携带的证据信息进行叙事表达。言词证据本身就以叙事的方式呈现，控辩双方交叉询问以及法官发问都是为了让故事信息更为完整、可信。实物证据无法开口说话，需要相关人员把它携带的证据信息用命题表达出来。例如，勘验犯罪现场时获取的手枪，需要警方出庭对在何时何地发现这支手枪、这支手枪上是否有被告人指纹、手枪子弹夹里的子弹型号是否与被害人体内的子弹型号一致等问题作出说明。

彭宁顿和黑斯蒂具体阐释了事实裁判者内心的故事结构的应然状态。他们认为故事结构实质上是由不同事件间的因果链构成的，事实裁判者是按照通常的人类认知和习惯来理解案件事实，其所构建的故事是基于人类行为的先后顺序，由事件之间的实质因果关系和意图因果关系联系在一起。由于故事情节中的每个组成部分本身也可以作为一个情节，故事的结构是丰富的、有等级序列的，其中，第一层级的故事是展现发生了什么，它可以被分解成多个具体的小故事。事实裁判者建立的故事包括证据反映的故事和基于推理和因果关系所形成的故事。②

（二）故事模型理论的必要性与价值

案件事实如何定性或者说对被追诉人是否定罪、定何种罪，是刑事案件中争议最大、最为当事人和社会公众所关注的部分，也是事实裁判者面临的职责和难题。在事实裁判者面对数量和种类繁多的证据时，如何通过证据集合推导出法律事实集合，如何搭建证据与案件事实之间的连接桥梁，如何处理不同证据之间的信息矛盾和空白，如何在没有直接证据的情况下仅依据间接证据构建案件的故事情节脉络，如何在有直接证据的情况下更好地回溯和探知案件事实，如何有

---

① 栗峥：《裁判者的内心世界：事实认定的故事模型理论》，载《中国刑事法杂志》2010年第3期，第117-118页。

② ［美］里德·黑斯蒂：《陪审员的内心世界——陪审员裁决过程的心理分析》，刘威、李恒译，北京大学出版社2006年版，第237-239页。

序地将证据串联成证据链条，如何最终推导出裁判文书中所认定的案件事实……这些是我们长期以来在考察司法证明中事实裁判者尤其是法官的心理认知时都期待得以解决的重要议题。因为事实裁判者的思维结构和内心决策过程这一司法裁判中备受关注的核心部分，很难为外界所揣测和知晓。虽然有裁判文书存在，但裁判文书可能存在说理和论证不足的情况；即使裁判文书的说理较为充分，但语言的局限性和裁判文书表达的精炼化在一定程度上也会使得事实裁判者难以在裁判文书中完整展现案件事实的认知和推理过程。故事模型理论恰好是从心理认知层面提出的尝试去探求上述问题的答案的一种理论。注重单个证据审查的原子主义认知模式，在案件涉及大量证据时显得力不从心，难以从整体上实现对案件事实的完整构建。故事模型理论代表的是整体主义的还原案件事实方法，弥补了原子主义认知模式的不足。

从故事模型理论的研究状况来看，该理论由彭宁顿和黑斯蒂在20世纪90年代初首次提出，该理论在域外仍处于方兴未艾的阶段。该理论虽然21世纪初就传入我国，但我国对司法证明的跨学科研究不多，对心理学的交叉研究，尤其是对作为事实裁判者的法官和陪审员何以解释证据和回溯案情的理论的关切十分有限。事实裁判者的心理认知和思维结构方面尚未形成成熟、完整的理论体系。故事模型理论呈现的是事实裁判者的案情推理方法，对于理解我国刑事法官的案件推理过程有启发意义，有助于改善我国证据推理中心理学交叉研究相对落后的局面。通过故事模型理论，"我们似乎能够真正找到实践上可行、理论上又极具丰富内涵的和谐方式，从而实现两者的深层次沟通与统一"。①

---

① 栗峥：《超越事实——多重视角的后现代证据哲学》，法律出版社2007年版，第121页。

（三）故事模型理论的可行性——与裁判的事实依据的联系

在英美法系国家，刑事案件的审判以故事为中心而得以展开，[①]控辩双方结合证据提出其故事假设，陪审员审判的过程也是筛选故事或构建故事的过程。陪审团成员在法官引导下根据庭审中的举证、质证情况和一般生活经验、生活常识、关于因果关系的认知信念来形成对案件事实的判断结果，[②]陪审团成员脑海里构建的故事可以直接作为陪审团作出有罪或者无罪判决的事实依据。[③]在我国的审判制度中，事实裁判者是法官和人民陪审员，尽管和陪审团制度有显著差异，但基于人类行为和价值取向的普遍性，中外的事实裁判者对证据和案情的心理认知和思维结构有共通之处。事实上，我国事实裁判者构建故事的过程中，既依靠用于证明案件事实的证据材料，也借助常识、生活经验和类案的办案经验等来填补案件之中的信息空白地带和推理链条中的裂缝。[④]随着庭审的推进和更多证据呈于堂上，事实裁判者内心所构筑的故事也在不断更新、调整。

故事模型理论提供了评价故事可信度和选取最佳解释性故事作为裁判事实依据的几个维度，具有可操作性。其一，故事对证据的涵盖是否全面。当一个故事能够覆盖更多的证据，该解释更能令人信服，反之，故事的可接受度则越低。其二，故事是否连贯、完整和合乎一般认知。当一个故事越连贯、对不同证据的解释的矛盾越少、故事情节越完整、越符合人们通常的认知信念，该故事对证据的解释的可信度越高，反之则越低。其三，故事是否具有独特性和唯一性。如果对现有证据，有多个融贯、完整的解释，则任意一个故事的可信度

---

① ［英］威廉·特文宁：《反思证据：开拓性论著（第二版）》，吴洪淇等译，中国人民大学出版社2015年版，第318页。

② Pennington, N. and Hastie, R, The story model for juror decision making. In Hastie, R. (eds.), Inside the Juror, The Psychology of Juror Decision Making, Cambridge University Press, Cambridge, 1993.

③ 栗峥：《超越事实——多重视角的后现代证据哲学》，法律出版社2007年版，第110-113页。

④ 栗峥：《司法证明的逻辑》，中国人民公安大学出版社2012年版，第105页。

都是令人怀疑的，如果对现有证据的多个解释性故事中只有一个故事是融贯且完整的，那么这个故事就具备独特性和唯一性，它将成为裁判的基础。[1]

（四） 故事模型理论的局限性

一方面，故事模型理论是前述两位学者通过模拟陪审团审判的实验而提出的，不是通过考察一定数量的真实的陪审团审理真实的刑事案件让这一理论获得实践支撑，缺乏实践考察的理论可能无法触及实践中的某些细节，其体系不够健全，逻辑不够周延。另一方面，故事中的因果链条的形成不可避免会借助事实裁判者的经验、直觉和信念，而经验、直觉和信念都具有强烈的主观色彩。控辩一方中更为精彩的、能博取听众同情心的故事可能比另一方不够精彩但更接近案件真实的故事更受认可，在某些情况下可能还会夹杂着代表一定立场的感情倾向，如品格证据虽然通常被排除，但一旦被提出可能会让事实裁判者形成偏见而影响故事构建的走向……诸如此类非理性的成分都可能会成为探寻事实真相的障碍。[2] 一个看似融贯的假故事可能会排斥不那么融贯的真故事。

二、锚定叙事理论

在这一部分，我们将从必要性与基本内涵、价值、局限性等层面来剖析锚定叙事理论。

（一） 锚定叙事理论的必要性与基本内涵

如前所述，故事模型理论更多体现的是整体主义的论证方法，不同于原子主义认知模式侧重于对单个证据的审查判断，故事模型理

---

① ［美］里德·黑斯蒂：《陪审员的内心世界——陪审员裁决过程的心理分析》，刘威、李恒译，北京大学出版社 2006 年版，第 239、240、262 页。

② 栗峥：《超越事实——多重视角的后现代证据哲学》，法律出版社 2007 年版，第 119-120 页。

论可能会引致融贯的假故事排斥不够融贯的真故事的风险。在这种背景下诞生的锚定叙事理论则是将整体主义和原子主义相结合，各取其长处而形成的一种更为科学合理的还原案件事实的理论学说。

锚定叙事理论进一步解答了如何最大限度确保事实裁判者认定的案件事实接近事实真相的问题。大陆法系的学者瓦格纳等人受上述研究的启发，提出了锚定叙事理论。该理论认为，即使看起来完整、融贯的故事也可能是危险的，为确保故事真实和避免无辜者蒙冤，每一个子故事都要被证据锚定，每一个证据都需要有公认的作为常识的一般性规则的支持而形成锚定结构。① 锚定结构应当满足三个条件：首先，故事的所有关键内容都被其他证据锚定；其次，作为锚的证据要符合逻辑和经验且是适格证据；最后，锚定结构只有在已排除合理怀疑时才能证明被告人有罪。②

（二）锚定叙事理论的价值

锚定叙事理论提供了一种减少叙事产生的融贯、合理的故事排斥真实的故事的可能性的思路。锚定结构强调故事情节要锚定于证据，故事情节之间的因果链条要锚定于常识性规则、普遍性规则，③这本质上是融合原子主义认知模式于整体认知之中，既有了在杂乱无序的证据之中梳理案件全貌的手段，也能减少故事的虚假性。相比于故事模型理论，锚定叙事理论之所以能降低故事虚假程度，主要归功于锚定结构的存在。一方面，控辩双方只能捡拾证据来组织故事，

---

① 这种作为常识的一般性规则通常表现为多数人共同接受的信念。瓦格纳认为的作为常识的一般性规则既包括经验概括，也包括法律规范。特文宁则认为，瓦格纳混淆了经验概括和法律规范，他认为瓦格纳在一些论述中将二者等同起来。特文宁反对将经验概括视为一般性规则、普遍性规则，他认为经验概括本身和叙事一样都是危险的。见［英］威廉·特文宁：《反思证据：开拓性论著（第二版）》，吴洪淇等译，中国人民大学出版社 2015 年版，第339-342 页。

② ［荷］威廉·A. 瓦格纳，彼得·J. 范科本，汉斯·F. M. 克罗博格：《锚定叙事理论——刑事证据心理学》，中国政法大学出版社 2019 年版，第78-79 页。

③ Floris. J. Bex, Henry Prakken, and Bart Verheij, Anchored Narratives in Reasoning about Evidence, Conference on Legal Knowledge and Information Systems；Jurix：the nineteenth conference, 2006, pp. 11-20.

任意一方的叙事都要有证据支持。另一方面，如果任意一方有意回避对己不利的证据，对抗式的诉讼构造也会让这一方面临来自对方的质疑和监督。因此，双方各自的故事都随着辩论的展开、新证据的提出而不断调整，法官内心的故事也随之更新，最终呈现的故事通常与控辩双方展示的初始故事是有差异的。尽管善用修辞、语气在一定程度上有利于吸引听众的注意力，但故事终究还是锚定于证据和法律的轨道之内。

（三）锚定叙事理论的局限性

其一，锚定叙事理论能帮助法官排除锚定性不足的故事版本，但对于同一个证据集合，控辩双方基于锚定叙事理论可能提出截然相反的两个故事版本这种情况，锚定叙事理论无法为法官指明出路，法官选取哪一个故事或者如何构建其内心的另一个版本的故事，则需要法官结合其他证据或规则来进一步判断。例如，控方在法庭上出具的一把菜刀，公诉人可以结合菜刀上的血迹和指纹鉴定意见，主张这是被告人甲杀害被害人乙的凶器，公诉人提供的是甲故意杀害乙的故事；被告人及其辩护人则可以主张这是甲试图侵害乙时乙的自卫器皿，辩方提供的则是乙在危急情况下因正当防卫而误杀乙的版本。对两种版本如何权衡取舍，锚定叙事理论无法解决。

其二，在锚定结构中，经验概括的存在可能导致滋生非理性的隐患。经验概述渗透着一定时空条件下某一特定族群的价值判断，带有文化相对性和历史偶然性的色彩，[1] 一些偏见的、感性的取向可能隐藏于这些经验概述背后。譬如，在某些地区的白人认为黑人更有犯罪倾向。这些偏离理性的经验概述用于构建故事是极其危险的。

---

① 薛爱昌：《叙事、融贯与真实——事实认定的整体主义模式研究》，吉林大学 2016 年博士学位论文，第 70 页。

三、混合式理论

在这一部分里，我们将从混合式理论的产生背景和基本内涵、价值、局限性等四个层面来展开论述。

（一）混合式理论的产生背景和基本内涵

混合式理论是贝克斯提出的将整体的叙事与单个证据论证，即整体主义模式和原子主义模式深度融合以分析证据、认定案件事实的方法。①

贝克斯认为，当前关于证据解释和证据推理的其他相关理论还未实现整体主义和原子主义模式的完美结合，有必要吸收两种模式的优势，因此，他提出了混合理论。② 他所主张的混合理论是这样来解释和分析证据并确认案件事实的：第一阶段，解释证据、发现故事。采用语言叙事，借助假设的情节来解释个案证据。这种对证据的解释是通过溯因推理来进行的，通过解释证据而构建的情节就是一个因果网络模型，各个情节通过时间先后顺序或因果链接而形成紧密联系，这种因果链接包括客观层面的因果关系和心理层面的因果关系。第二阶段，根据故事符合证据的程度、故事的融贯程度来比较故事、获得最佳故事，并回答案件发生了什么事这一问题。最终得到的应当是一个获得最佳解释的融贯的故事。贝克斯强调，当故事情节符合合理、一致、完整的要求时，该故事就是融贯的，当一种融贯的故事解释比其他替代性解释更好时，这个解释就是最佳的。③

---

① 达马斯卡在其论著中对整体主义和原子主义进行了深入阐释。见［美］米尔吉安·R.达马斯卡：《比较法视野中的证据制度》，吴宏耀、魏晓娜等译，中国人民公安大学出版社2006年版，第68页。

② See Floris J. Bex, Argument. "Stories, and Criminal Evidence, A Hybrid Theory" Law and Philosophy Library, vol. 92, 2011, pp. 83–87.

③ See Floris J. Bex, Argument. "Stories, and Criminal Evidence, A Hybrid Theory" Law and Philosophy Library, vol. 92, 2011, pp. 89–92.

（二）混合式理论的价值

以论证为基础的方法的优势在于这种论证过程是有逻辑可循的、显而易见的、可以被反复检视，缺点在于它没有提供一个关于案件的完整概述，关于"发生了什么"的原始故事被切成了多个支持论点或者对立论点的碎片，基于故事的方法则恰恰相反。以论证为基础的方法在简单案件中的优势极为明显，而在有大量证据的复杂案件中，以故事为基础的方法的长处就凸显出来了。混合式理论的最大贡献就是整合了两种理论之长处来解决事实认定的实践难题。在混合式理论之中，论证和叙事是相互作用的。一方面，故事将论证获得的事实命题联结起来，让案情脉络更为清晰，另一方面，所选取的论证方式之优劣可以影响一个故事质量高低的判断结果，不同证据的论证通过支持或反驳假定的故事和故事情节能优胜劣汰，过滤掉可信度不高的故事从而得到最佳解释故事。

（三）混合式理论的局限性

一方面，证明标准是判断司法证明活动是否终结的重要标志。贝克斯在阐释混合式理论时强调了最终的解释性故事应当是获得最佳解释的故事，但对于何以判断一个解释是否最佳，贝克斯仅提及优于其他替代性解释这一个标准，而忽略了最佳故事应符合刑事证明标准这一标准。换言之，混合式理论未能与证明标准有机结合，对该理论的可操作性、实用性和便利性造成一定的影响，这是该理论的一大缺憾。

另一方面，混合式理论可能存在适用范围上的局限性。巴克利认为，一个理论是否成功取决于它所适用的案件范围，他认为混合式理论在多数案件中适用，但对于存在消极因果关系的案件，混合式理论则难以通过因果关系将不同的情节联系起来。[①]

[①]　See Charles A. Barclay. "Is Hybrid Formal Theory of Arguments, Stories and Criminal Evidence Well Suited for Negative Causation" Artificial Intelligence and Law, vol. 28, 2020, pp. 362-363.

四、三种理论的提炼和借鉴

从故事模型理论，到锚定叙事理论，再到混合式理论，三个理论呈现出递进式发展的轨迹，除了要求故事结构优良外，还增加和发展出要求故事为真的理论研究成果。锚定叙事理论和混合式理论是在故事模型理论基础上的进一步延伸。在这一渐进式发展过程之中，上述叙事理论吸收和融合了哲学中融贯论、符合论、获得最佳解释的溯因推理的理论支持。对三种叙事理论的基本情况进行梳理，如表 3-1 所示。

表 3-1　三种叙事理论的对比表

理论	故事模型理论	锚定叙事理论	混合式理论
提出者或代表人物	英美法系学者彭宁顿、黑斯蒂	大陆法系学者瓦格纳	英美法系学者贝克斯
考察对象	陪审团	法官	文献分析结合案例分析
立论基础	模拟陪审团审判的实验	35 个荷兰刑事疑难案件	前人的两种叙事理论结合最佳解释推理

（一）叙事理论对刑事司法证明的贡献

叙事理论对于辅助审理者甄别证据、组织证据信息、展开证据推理以形成对案件事实的整体认识有指导价值。

其一，从叙事的实质内容来看，叙事理论向人们展示了事实裁判者心证形成过程，对于提高裁判的可预测性、可接受性是有积极意义的，也有助于开拓司法证明的理性化进路。[1] 单独一项证据的信息是碎片化的，让人宛如在迷雾中，难以把握事实全貌。而正是在一个叙

---

[1]　栗峥：《司法证明的逻辑》，中国人民公安大学出版社 2012 年版，第 121 页。

事体系中，证据被赋予了意义，①　更多证据的意义被显现出来时，云开雾散，案件事实全貌就逐渐清晰了起来。事实裁判者认定的案件事实或者构建的故事的基础是其对各个证据的解释的信念，其认定的案件事实可以视为其对证据解释的信念之集合。事实上，叙事理论将心理学知识与逻辑学知识、证据法学知识等多学科知识融合于一体，更有助于提醒我们不要将目光局限于单项证据的来源、收集程序的审查、单项证据与证明对象之间的关系上，还要注重分析和理顺证据与证据之间的逻辑关系。

其二，从叙事的形式结构来看，叙事理论不断发展，为指引事实裁判者构建故事提供了日趋完善的故事结构的分析框架。成熟的叙事理论主张故事不是凭空捏造，而是有证据基础的，证据融于事实情节之中，证据与事实之间呈现出一一对应的关系。学者们提出并逐渐完善了用于分析案情的故事的因果关系结构，他们认为故事结构中至少包含主体、客观行为、主观状态三种要素，即谁做出违法行为、他做了何种违法行为、他是带着动机故意为之还是过失而为之。在这一过程之中，搭建证据与待证事实之间的因果关系，还原事实真相的概貌。

其三，从叙事的先后顺序来看，依叙事顺序来安排举证顺序，有助于提高质证效率和推进审理进度。具体而言，按照叙事顺序来举证、质证，审理者能更快理出较为清晰的思路，并对证据的取舍、案件事实的走向作出高效且合理的判断。但如果按照证人顺序来举证、质证，交叉询问过程容易变得无序、反复、杂乱无章，不利于争议事实的集中解决。叙事理论为质证程序的改进提供了新的思路。

其四，从叙事的质量评价来看，叙事理论强调故事情节的融贯程度和证据覆盖率。一个故事之所以优于其他故事而成为最佳故事，不仅依赖于其融贯的情节，还得益于其相对较高的证据覆盖率。故事的

---

① 刘燕：《法庭上的修辞——案件事实叙事研究》，光明日报出版社 2013 年版，第 97—99 页。

好坏与故事所解释的证据数量、故事情节的融贯程度呈正相关。通常来说，一个好的故事能解释更多证据尤其是能解释案件的关键证据，一个好的故事须结构完整、情节合理、不自相矛盾。

此外，故事构建的过程中，事实认定者难免会借助生活经验、工作经验、生活常识、认知信念等来搭建证据与案件的片段事实之间、此片段事实与彼片段事实之间的因果关系，在法官对证据进行感知、判断的心理活动过程中，法官所构筑的故事情节是符合于其内心信念的，即符合于法官所坚信的某种应然的逻辑。此时，经验法则的运用尺度需要法官自行审慎把握。既要借助经验法则来辅助案件事实的回溯推理进程，又要避免经验法则被滥用而引致法官恣意裁判。

（二）叙事理论对我国刑事证据印证规则的启示——构建事实认定的系统模式

从整体主义到原子主义再到系统论的演变，反映了人类认知模式的发展历程。起初，人们掌握的认识技术和认识能力有限，很难细致入微地剖析外部世界。因此，整体论是当时的主流认知模式。此后，科技的发展和腾飞带来认知模式的更新，因此，整体主义认知模式已经无法满足人们对深入了解客观世界和解决新问题的需求。于是，还原论开始兴起并逐渐占上风。人类的知识也从单一学科向更精深的多学科转化。整体主义注重整体，原子主义关注局部，二者各有其优势和局限性。因此，20世纪以来系统论思想日益受到青睐。我国的刑事证据印证规则试图通过构建刑事证据印证系统来证明案件事实，也是系统论影响之下的产物。

在我国，刑事判决书中认定的案件事实是通过叙事的方式给出的，审理者在查看案件材料时也会在内心构建一个初始故事，随着庭审中举证、质证情况而逐步调整故事内容。通俗易懂的叙事理论对探究和引导审理者的心证形成过程而言有一定的合理性和可行性。加之当前我国对法官和人民陪审员证明过程中的内心活动的研究并不多，域外叙事理论的相关研究成果为探究我国审理者对证据和案件事实的认识提供了一种新的思路。此外，尽管两大法系在审判制度、证据制度上各有其特色，但两大法系的不同代表性学者都对叙事理论投以关注并开展大量研究工作。我国的审判制度和证据制度起步较晚，在不断完善的过程中有移植、借鉴两大法系代表性国家立法的合理之处，叙事理论对分析我国审理者识别证据、筛选证据、解释证据、审查证据与案件事实的关联度，以及认定案件事实的司法证明的思维全过程来说是有借鉴价值的，是对传统司法证明理论的有益补充，对研究我国刑事证据印证规则的具体构成而言颇有助益。

第三节　刑事证据印证规则的管理学基础

过程管理和结果管理二分法、系统论为刑事证据印证规则提供了管理学基础。

一、过程管理和结果管理二元视野下的刑事证据印证规则

在管理学中，过程管理和结果管理是一对二元对立的范畴。过程管理强调以过称为导向，重点规范从输入转化为输出过程中的一系列相互关联的环节。结果管理又称目标管理，该理论由美国管理学家德鲁克首创。[①] 结果管理以结果为导向，侧重于通过明确的既定目标来倒逼过程的优化，从而实现结果最优化。既定目标对过程施加制约和引导，过程对目标进行细化。现代管理学不是单方面强调过程管理或结果管理，而是注重二者的充分融合，兼取二者之长。

管理学的基本规律和一般方法同样适用于刑事司法证明活动。

---

① ［美］彼得·德鲁克：《管理的实践》，齐若兰译，机械工业出版社 2006 年版，第 56 页。

司法证明活动同样需要从过程和结果两方面施以控制。[①]

一方面，依仗证明标准进行结果控制。证明标准确立了诉讼证明活动的目标，是诉讼证明活动的刻度尺和既定标准，可以用来量度和比对全案证据的证明力是否达到这一既定标准，全案证据链是否达到完整、稳定、闭合的程度。在刑事司法中，经过控辩双方的举证、质证，如果控方对案件事实的证明达不到证明标准，审理者可以就此认定犯罪事实不成立。反之，则可以作出有罪判决。确定的证明标准使得司法证明活动免于陷入无序、混乱、丧失方向感的境地。

另一方面，凭借刑事证据印证规则实现过程管理。个案综合证明力的判断过程是一个动态的过程，但由于证明标准天然具有抽象性，作为结果管理的证明标准规则难以有效把握。刑事证据印证规则确立起逻辑清晰的通往证明标准之路的过程管理规则，通过细化的子规则将证明标准融入司法证明活动的具体过程之中，能合理且有效地规制法官心证，具有行为指引和政策导向的功能。[②]

借助抽象的证明标准和具有可操作性的刑事证据印证规则进行过程和结果的双重控制。这种共同配合的规则安排有利于避免诉讼证明活动的过程和结果失调失控，有助于压缩恣意裁判、司法不正义的存在空间，促进法官准确、公正、高效地认定案件事实。[③]

二、系统论视域下的刑事证据印证系统

在司法证明场域中，从证据到证明再到推导出案件事实的过程，

[①] 有学者认为我国当前的制度设计缺乏对法官裁量的过程控制。见李训虎：《证明力规则检讨》，载《法学研究》2010 年第 2 期，第 165 页。

[②] 李训虎：《证明力规则检讨》，载《法学研究》2020 年第 2 期，第 170-171 页。

[③] 封利强：《司法证明过程论——以系统科学为视角》，法律出版社 2012 年版，第 319-320 页。

是一个由点到线再到面的推理论证过程。① 将这一推理过程具象化，不难呈现出这样的景象：在裁判者的脑海中，从证据到最终确定案件事实的过程，事实上是一个多维立体结构的构建过程，裁判者就像一个设计师或工程师，其建筑材料是来自控辩双方呈交法庭的证据，② 随着新的证据不断加入，裁判者选择其认为可采之材料来不断填充、充实建筑体。于是，这一多维立体结构逐渐丰富、完整、稳定、牢固，随着内在结构越加清晰，该建筑体的外观更为清晰可见，当这一结构的稳定程度达到法定证明标准、足以令裁判者形成强烈的内心确信之时，该建筑体最终得以落成，即案件事实得到最终确认。

（一）刑事司法证明系统的层次性

在系统论视角下，无论是证据的审查与运用，还是案件事实的构建，都是一个立体化过程而不是扁平化的直线型流程。③ 在刑事诉讼中，审理者的裁判有程序性裁判、实体性裁判。从裁判基础和适用法律来看，程序性裁判、实体性裁判分别基于过程证据、实质证据，依据程序法、实体法在完成程序性证明、实体性证明后作出。过程证据、实质证据的可靠性是获得可靠的程序性证明、实体性证明的基石。过程证据、实质证据的可靠性需要辅助证据予以证明。因此，依

---

① 在通常意义上，推理和论证时常被替代性使用，人们通常不对二者进行区分。但在严格意义上，推理和论证是两个逻辑顺序颠倒的过程，即推理是由已知探求未知的进程，论证则是为已知寻求理由和根据而对外说服的过程。从刑事诉讼构造来看，控辩双方基于各自的证据提出控诉事实和抗辩事实，而法官不得进行预判，以避免产生偏见并确保其居中裁判的中立性，控方的举证和质证活动是对控诉事实的论证过程，辩方的举证和质证活动是对抗辩事实的论证过程，裁判者的认证活动则是根据控辩双方提供的可靠证据来回溯案件事实的推理过程。

② 在当事人主义诉讼构造中，这种建筑材料完全来源于当事人，即控辩双方所提交的证据。在带有职权主义色彩的法官探知模式下，这种建筑材料除了来自当事人的供给，还可以来源于法官的职权调查行为，法官可以通过调查活动来补充主要证据，还可以通过调查活动获得辅助证据来确认主要证据的可靠性。

③ 吴洪淇：《刑事证据审查的基本制度结构》，载《中国法学》2017 年第 6 期，第 181 页。

托辅助证据展开的附属性证明用于解决程序性证明、实体性证明的前置性问题或者说先决问题，附属性证明嵌套在程序性证明和实体性证明之中，而具有从属性。相比之下，程序性证明、实体性证明是一种主体证明，彼此独立，① 分别适用实体法、程序法，分别遵循严格证明标准、自由证明标准，分别作出终局性的实体性裁判、诉讼进程能否继续推进的程序性裁判。附属性证明则是一种次级证明、从属证明，它是对主体证明中的证据的可靠性等证据法事实进行证明，它主要适用证据法作出附属性裁判，它的证明标准取决于其所附属的本体证明，如果它是附属于实体证明的，则需要达到排除合理怀疑的程度，如果它是附属于程序性证明，则达到优势证明标准即可。由此观之，在刑事司法证明中，程序性证明和实体性证明分别构成两个各自独立的证明系统，而附属性证明系统镶嵌在这两大系统内部，是依附于两大系统的又一系统。从发展的先后顺序来看，率先为人们所认识的是实体性证明，在程序正义成为普适价值后程序性证明的重要性得到重视，之后随着司法证明的精细化发展，辅助证据的价值获得肯定，附属性证明从理论关注走向一些国家和地区的立法和司法实践中。结合上述分析，整理刑事司法证明三大系统的不同之处，如表3-2所示。在英美法系的陪审团审判模式之下，对实质性证据进行认证的是法官与陪审团，过程证据和辅助证据的认证则交由法官进行。而在大陆法系国家，实体性证明、程序性证明以及附属性证明的认证方都是职业法官。我国传统证据法学理论和司法实践更重视实体性证明，对程序性证明和附属性证明则关注不足。

---

① 实体性证明和程序性证明之间的独立关系是一种相对独立关系。例如，法官是否同意传唤一方当事人申请的证人将影响实体结果。较之于附属性证明，程序性证明对于实体性证明的依附性较弱。故而，姑且把程序性证明看作与实体性证明并列的证明子系统，将二者统称为司法证明的本体结构。

表 3-2 刑事司法证明三大系统的对比表[①]

证明系统	本体证明		从属证明/次级证明
	实体性证明系统	程序性证明系统	附属性证明系统
法律依据	实体法	程序法	证据法
证据类型	实质证据	过程证据	辅助证据
证明标准	严格证明	自由证明 达到释明的程度	取决于本体证明
裁判类型	终局性裁判 定罪量刑判决	就诉讼进程的推进 作出中间裁判	附属性裁判 为实体法和程序法的 适用创造条件
证明功能	指引终局裁判	规范诉讼进程	解决先决问题

（二）刑事证据印证系统的层次性

通常情况下，我们讨论印证问题是在诉讼进程不受影响的前提下进行的，这是因为如果诉讼进程无法顺利进行，也就不会出现审理者如何认定案件事实的问题。易言之，讨论印证问题的前提是程序性证明不对实体性证明造成干扰。因此，刑事证据印证主要涉及实体性证明、附属性证明两大彼此交融的证明系统。

任意一个刑事案件都可以被分解成若干个证明单元，[②] 每个证明单元以构成要件中的独立事实为核心形成一条证据链，不同证明单元通过逻辑关系联结在一起，而形成全案证据链，进而还原案件事实。在系统论视角下，全案证据链构成一个刑事证据印证系统，单一证明单元对应的单一证据链是一个刑事证据印证子系统。附属性证明系统分散嵌套在这些证据链所对应的子系统中。质言之，从系统科学的角度来看，刑事证据印证的结构不是一个平面结构，而是一个立体的、层次丰富的结构。在这个结构中，实体性证明系统和附属性证

---

① 封利强：《司法证明过程论——以系统科学为视角》，法律出版社 2012 年版，第 65-74 页。

② 施陈继：《论孤证不能定案之瑕》，载《东南法学》2017 年第 1 期，第 198 页。

明系统不是两个并列关系，而是以实体性证明系统为核心，附属性证明系统嵌入实体性证明系统中，即实体性证明系统是本体结构，附属性证明系统为从属结构。① 刑事证据印证系统的结构如图 3-2 所示。

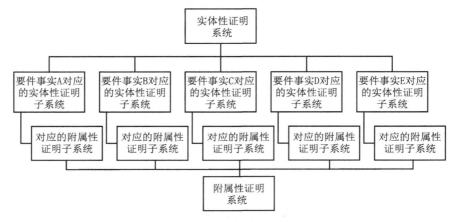

图 3-2　刑事证据印证系统结构图

（三）刑事证据印证子系统的具体展开

我们可以从数量、构成、对案件事实的认定结果的影响等几个方面来认识刑事证据印证子系统。

其一，关于刑事证据印证子系统的数量和构成。实体性证明系统直接影响着实体权利义务的分配，是刑事证据印证系统的最为核心和关键的部分。实体性证明子系统及其对应的附属性证明子系统构成一个刑事证据印证子系统。刑事证据印证子系统的数量取决于实体性证明子系统的数量。实体性证明子系统的数量取决于证明对象或者说犯罪构成要件事实的数量，而一个罪行的犯罪构成要件有哪些，则是源于刑事实体法的规定。因此，刑事证据印证子系统的数量归根到底取决于刑事实体法的规定。在刑事证据印证子系统中，附属性证明子系统的数量则取决于审理者、控辩双方对实质证据可信性

---

① 封利强：《司法证明过程论——以系统科学为视角》，法律出版社 2012 年版，第 167-168 页。

的态度，如果就越多实质证据的可信性问题发生争议，附属性证明子系统的数量就越多。[①] 当辩方提出相反事实用以反驳对方时，由于双方的质证行为都围绕同一证明客体，所以不产生新的证明子系统。当辩方提出的是一项指向不同的证明对象的抗辩事实，则会产生一个新的证明子系统。因此，在刑事证据印证子系统中，具体有多少个次一级的证明子系统取决于证明对象的数量。可以说，证明对象框定了司法证明的活动范围。[②]

其二，关于刑事证据印证子系统对印证全局的影响。刑事证据印证系统中的证据之间可能存在串联、[③] 并联、[④] 重合、交叉等多种关系，而不同刑事证据印证子系统之间则只能是一种串联关系，不同子系统依据逻辑和经验而串联在一起。在认定案件事实过程中，要件事实的组合不是简单地叠加，任意一个环节出现短板，就可能使得全案证据链出现断裂、犯罪事实难以成立。因此，木桶效应适用于刑事证据印证系统，木桶蓄水能力取决于最短的那块木板，[⑤] 在刑事诉讼中，最终的印证效果取决于印证效果最不如意的那个刑事证据印证子系统。只有在每一条单一证据链都完整时，全案证据链才能完整，刑事证据印证系统才稳定，只有达到这一程度时，才能认定犯罪事实成立。

其三，关于刑事证据印证子系统中实体性证明子系统与附属性证明子系统之间的关系。附属性证明对实体性证明有支撑作用。如果用于追诉犯罪的证据因取证手段不合法而被排除，可能直接影响案件实体结果。这从域外司法实践以及我国刑诉法第 54 条关于非法证

---

① 封利强：《司法证明过程论——以系统科学为视角》，法律出版社 2012 年版，第 74-77 页。

② 封利强：《司法证明过程论——以系统科学为视角》，法律出版社 2012 年版，第 173-175 页。

③ 常见于处于同一条证据锁链上的不同证据之间。

④ 常见于处于不同证据锁链上的不同证据之间。

⑤ 封利强：《司法证明过程论——以系统科学为视角》，法律出版社 2012 年版，第 335-336 页。

据排除规则的规定中可见一斑。

第四节　刑事证据印证规则的法理基础

刑事证据印证规则的适用范围、价值证成、基本原则等构成了刑事证据印证规则的法理基础。

一、刑事证据印证规则的适用范围

刑事证据印证规则的适用范围问题，主要涉及刑事证据印证规则适用于哪种诉讼阶段、哪些诉讼主体可以运用刑事证据印证规则、刑事证据印证规则适用于哪些证据类型的问题。

（一）刑事证据印证规则的适用阶段和运用主体

从诉讼阶段和运用主体来看，刑事证据印证规则适用于审判环节之下事实裁判者的案件事实推理过程。有学者主张，刑事证据印证规则与自由心证制度不同，刑事证据规则主要适用于审前阶段控方构建控诉事实的过程，侧重于对以人外之物为证据内容的客观性证据的审查判断，而自由心证制度主要适用于审判阶段中事实裁判者对审判事实的构建过程，侧重于对以人的感知或行为活动为证据内容的主观性证据的审查判断。其认为，刑事证据印证规则不应适用于审判阶段和主观性证据的审查判断。[①] 主观性证据主要表现为广义上的证言，即被追诉人供述、被害人陈述、普通证人证言，通常是直接证据。客观性证据包括多数实物证据以及专家证人证言等，[②] 基本上

---

① 左卫民：《“印证”证明模式反思与重塑：基于中国刑事错案的反思》，载《中国法学》2016 年第 1 期，第 175 页。

② 例如，勘验、检查笔录是对侦查过程中犯罪现场相关情况的固定或客观记载，属于客观性证据。物证、书证以客观存在之物为载体，亦属于客观性证据。

归入间接证据的行列。对于刑事证据印证规则不应适用于主观性证据或者说不适用于直接证据的观点，笔者认为是值得商榷的，将在下面对刑事证据印证规则的适用范围的进一步探讨中予以反驳并阐释具体理由。在这一部分中，我们暂且把目光聚焦在刑事印证规则是适用于审前阶段还是审判阶段的问题，以及刑事证据印证规则的适用主体问题上。

一方面，我们在前面已经提到，证据规则是为包括法官在内的事实裁判者探知案件真相而规定的一系列运用证据的规范。作为一项具体的证据规则，刑事证据印证规则也是致力于裁判者更接近案件真相，因而，从证据规则的本质特征出发，刑事证据印证规则适用于审判阶段而不适用于审前阶段。我国刑事证据印证规则是用于规范事实裁判者即法官的心证过程，避免法官恣意妄为，该规则的适用主体是事实裁判者，这是符合规则本身的内涵、要求和价值追求的，无可非议。另一方面，控辩双方尤其是控方，也会使用印证的表达，其目的是构建一个事实模型或者说刑事印证系统以说服法官采信其说法，是为了适应法官心证形成过程而采用与法官推理过程相似的说理结构。在审判中心主义视域下，审判活动在诉讼过程中居于主导地位，而在审判环节里，法官享有事实判断权，在审判活动中居于中心地位，对事实裁判起决定性作用。一切程序规则、证据规则的设置都是服务于案件事实的探究过程，为了让法官更接近案件真实。控辩双方的说理亦理应以审判为中心。因此，控方为了便于法官采信其主张而主动使用印证的话语体系，并不意味着刑事证据印证规则适用于审查起诉等审前阶段。

此外，刑事证据印证规则对法官认证活动和构建案件事实的过程具有约束力。司法决策不是凭空产生的，而是建立在证据基础之上的。从证据信息输入，到筛选信息、分析信息再到组合信息，这是一个从开放到限缩的证据信息处理过程,[①] 也是法官对案件事实的认知和建构过程。法官的司法决策形成过程受证据能力规则、证明力规则的制约。刑事证据印证规则作为一种证明力规则，和司法认知规则等其他证明力规则一样对法官认证过程进行过程控制，为法官采信证据提供指引，避免法官恣意裁判。当前，我国相关司法解释中关于刑事证据印证规则的具体规定，都被放置在审查和认定单个证据以及综合认定案件事实的模块中，旨在规范法官采信证据的过程。具体而言，刑事证据印证规则确立起裁判者认定案件事实的具体要求，如争点确定的要求、证据数量要求、证据资格审查、证据可采性判断、限制重复证明的证据数量及其可采性、证据来源的独立性审查、断裂证据链的弥补要求、综合证明力的衡量等。法官应当遵循刑事证据印证规则的具体要求来认定案件事实，在刑事证据规则法定化背景下，违背该规则轻则可以导致司法裁判出现疏漏，重则可能导致枉法裁判。质言之，刑事证据印证规则对法官形成内心确信的过程提出了具体的可反复验证的要求，既引导法官的案件事实推理过程，也对法官心证进行约束，避免真相探寻过程中的法官恣意。法官适用刑事证据印证规则所认定的案件事实直接构成裁判的事实基础，直接决定裁判结果，即公诉机关指控的罪行是否成立、是否对被追诉人施以刑罚、施以何种刑罚。

（二）可适用刑事证据印证规则的证据类型

从证据类型来看，刑事证据印证规则既适用于刑事间接证据，也适用于刑事直接证据。

自印证理论产生以来，有学者主张刑事证据印证规则仅适用于刑事间接证据之间，刑事证据链条只存在于刑事间接证据之间，持这

---

① 张雪纯：《刑事裁判形成机制研究》，中国法制出版社 2013 年版，第 161 页。

一观点者不乏其人。① 对此观点，笔者不以为然。间接证据由于无法反映案件事实全貌，只能映射案件事实中的一部分，需要和其他证据相互印证才能还原案件事实，因而，使用间接证据定案离不开对印证规则的运用。此观点是学界共识，并无争议。② 我们需要探讨的是依直接证据定案是否需要适用刑事证据印证规则的问题。一方面，裁判者采信某一直接证据用于定案时，受到孤证不立原则的制约，不能单独依该直接证据定案，通常情况下还需要借助与其他证据相互印证来加强内心确信。直接证据、间接证据是从主要证据与案件事实之间是否直接相关联的角度来区分的，本质上体现的是主要证据与案件事实之间的关系。刑事印证或者刑事证据链究其结构反映的是证据与证据之间的关系。刑事证据印证规则不适用于直接证据的观点，实质上是否定直接证据与其他证据之间的关联性，将直接证据置于孤立的地位，这是背离认知规律的。另一方面，直接证据通常以言词证据的形式展现出来，在刑事诉讼中，主要有被追诉人供述、被害人陈述、证人证言，这些证据作为主要证据，其可信性处于不确定的状态，不能直接作为定案根据，需要运用辅助证据来佐证这类主要证据的可信性后才能将其作为定案根据。此时，直接证据与辅助证据之间实际上相互印证，组成了一条证据锁链。③ 该观点关注到 2010 年《证据规定》中关于依相互印证的间接证据定案的规定，但未注意到

①　学者杨继文区分了直接印证和间接印证。他认为直接印证是指这样一种印证形态，即在不存在直接证据的情况下，依据间接证据之间的关系进行推论并推出案件事实。在某些情况下，依据从间接证据获得的间接事实无法直接推出案件事实，而需要经验法则进行动态印证，这种印证形态则是间接印证。无论是直接印证还是间接印证都是针对间接证据而言的。见杨继文：《印证证明的理性构建——从刑事错案治理论争出发》，载《法制与社会发展》2016 年第 6 期，第 186 页。此外，学者左卫民在其论著中提到印证偏重于客观性证据的认定，直接证据主要涉及言词证据这类主观性证据，间接证据主要涉及实物证据这类客观性证据，其认为印证偏重于间接证据的认定。见左卫民：《"印证"证明模式反思与重塑：基于中国刑事错案的反思》，载《中国法学》2016 年第 1 期，第 175 页。

②　本段中所反驳的第二种观点的立论基础也是承认间接证据在印证中的运用，只是该观点认为纯粹间接证据之间不适用刑事证据印证规则，印证仅存在于间接证据对直接证据的同一信息的支持性作用上。

③　王舸：《案件事实推理论》，中国政法大学出版社 2013 年版，第 106 页。

《证据规定》并未穷尽规定刑事证据印证规则的适用范围，仅就实践中更为关切的间接证据定案争议予以回应。从刑事证据印证规则的法律渊源来看，2012 年修订的我国刑诉法通过口供补强规则确立了直接证据的印证规则。因此，主张只有间接证据才会用到刑事证据印证规则的观点有失偏颇。

此外，还有学者认为刑事证据印证规则适用于既有直接证据又有间接证据的情形，但不适用于仅有间接证据而无直接证据的情形，即印证只存在于直接证据与间接证据之间。[①] 从印证的类型分析来看，我们在第二章中已经论证了依相互印证的间接证据定案在逻辑推论上是成立的。从我国刑事证据印证规则的法律渊源来看，2010 年最高人民法院等部门联合发布的《证据规定》业已规定在符合法定条件的情形下可以依据若干间接证据对被告人进行定罪量刑。因此，主张间接证据之间无法形成印证关系、不适用刑事证据印证规则的观点是不成立的。统而言之，刑事诉讼中的各个证据并非孤立存在的，刑事证据印证规则适用于刑事司法证明中的各类诉讼证据，依据直接证据定案也需要符合刑事证据印证规则的要求。

二、刑事证据印证规则的价值证成

刑事证据印证规则自诞生至今，并非始终处于被认可的状态，批判刑事证据印证规则者并不在少数。事实上，这一规则被批判的根源在于该规则本身立法的不完备以及实践中存在的对该规则的误解和不当适用的现象。刑事证据印证规则是我国证据法的独特性代表之一，[②] 我们需要为其正当性正名。

---

① 阮堂辉：《"证据锁链"的困境及其出路破解——论间接证据在我国刑事诉讼中的独立定案功能》，载《中国刑事法杂志》2006 年第 4 期，第 69-70 页。

② 栗峥：《印证的证明原理与理论塑造》，载《中国法学》2019 年第 1 期，第 264 页。

（一）刑事证据印证规则批判论

对于刑事证据印证规则的是否有其存在价值、是否正当，有不少理论界和实务人士主张刑事证据印证规则是我国司法审判经验的结晶，体现了司法理性，符合司法认识规律，有利于避免孤证定案，是自由心证客观化的必然结果。但亦有不少批判刑事证据印证规则的声音。

批判刑事证据印证规则者大致可以分为三大类立场。其一，鉴于实践中片面追求印证加剧了刑讯逼供的多发性、被追诉人权利保障常处于落空的状态等，彻底否定、摒弃刑事证据印证规则，将印证从刑事司法实践中彻底剥离。[①] 其二，否定刑事证据印证规则的合理性，主张以其他理论来克服实践中滥用刑事证据印证规则定案的倾向带来的弊端。例如，有学者主张印证的正当程序支撑不足且印证不具备精细化特征，建议将程序规则与证明机制相融合，构建以程序化的证明模式，[②] 有学者则主张印证过于抽象化和理想化，提倡在我国构建起自由心证体系，[③] 还有学者提出构建二元证明模式等。[④] 其三，我国刑事证据印证规则具有合理性，实践中包容的弊端亦不容忽视，主张改进刑事证据印证规则，如重视单个证据之证据资格的审查判断、完善裁判文书说理以公开法官心证过程、融合印证与心证、确保被追诉人自白的自愿性减少刑讯逼供、提高质证水平等，以适应刑事司法实践的需要。[⑤]

---

① 林劲松：《刑事审判书面印证的负效应》，载《浙江大学学报（人文社会科学版）》2009 年第 6 期，第 16 页。

② 左卫民：《"印证"证明模式反思与重塑：基于中国刑事错案的反思》，载《中国法学》2016 年第 1 期，第 166、171 页。

③ 张文娟：《我国刑事诉讼证明模式："相互印证"与"自由心证"之辩——相互印证弊端之实证分析》，载何家弘主编：《证据学论坛》第 13 卷，法律出版社 2007 年版，第 209-214 页。

④ 杨继文：《印证证明的理性构建——从刑事错案治理论争出发》，载《法制与社会发展》2016 年第 6 期，第 174 页。

⑤ 朱锡平：《融合心证：对证据印证证明模式的反思》，载《法律适用》2015 年第 2 期，第 81 页。

我们会发现，刑事证据印证规则批判论所针对的实际上是形式印证、虚假印证，而形式印证、虚假印证只是单纯追求印证的外在形式，而违背印证的实质要求。从刑事证据印证规则出发，刑事冤案所揭示的形式印证、虚假印证问题本质上不属于印证。

（二）刑事证据印证规则的价值体现

刑事证据印证规则的价值为开展这一规则研究的必要性和重要性背书。

首先，适用刑事证据印证规则有利于实现实体正义。证明活动的出发点和最终目的是探寻案件的事实真相。对于已然发生的案件，只能通过捡拾和拼凑案件留下的痕迹来回溯案件事实，所谓的案件痕迹即为证据。刑事证据链规则解决的是如何组织碎片化的证据来最大限度还原案件事实的问题，为法官作出定罪与否的判决提供清晰的路径指引，如证据是否达到最低数量要求，用于印证的证据是否由独立来源获得，每个事实争点是否都有证据印证，证据集合的综合证明力是否达到法定的证明标准，是否有尚未提供的无罪证据，证据之间有无疑点，证据之间的矛盾能否消除以及如何消除……如此等等问题有助于法官准确认定事实。刑事证据链规则通过合理引导法官思维过程可预防刑事冤案的生成。

其次，完善刑事证据印证规则有利于保障程序正义。现代国家将证据能力的规定纳入法律文本之中，证明力则交由法官自由裁量。法官审查判断证据是一个通过理性的逻辑推理形成内心确信的过程。刑事证据链规则勾勒出法官进行证据评价的大体路径，使司法证明过程客观化，[1] 这意味着法官的心证过程并非无迹可寻，换言之，法官心证的过程和结论因受到规则的约束而能在客观上得到检验。[2] 刑

---

[1] 蔡元培：《论印证与心证之融合——印证模式的漏洞及其弥补》，载《法律科学（西北政法大学学报）》2016 年第 3 期，第 176 页。

[2] 帅清华、郭小亮：《追证与心证——论刑事诉讼中自由心证的客观化及其路径》，载《山东警察学院学报》2015 年第 1 期，第 76 页。

事证据链规则既有利于避免法官主观臆断，也有利于引导法官更集中高效地指挥举证质证过程，注意防范证据偏见和防止任意一方隐瞒、伪造证据，在这个过程中程序正义得以实现。

再次，落实刑事证据印证规则有助于提升诉讼效率和优化司法资源配置。刑事证据链规则解答了杂乱的证据材料中哪些应该予以排除、哪些具有可采性、具有可采性的证据中哪些能成为定案根据的问题，可引导法官条理清晰地对证据材料进行快速筛选和判断，有利于减少不必要的诉讼纠缠。刑事证据链规则促使诉讼主体集中精力于事实争点上，从而避免诉讼拖延和司法资源的浪费。

最后，探索和厘清刑事证据印证规则是构建本土化证据规则的需要。有学者于 2019 年在回顾和反思我国 1949 年以来的刑事证明理论体系时，总结道，在移植苏联和德日、英美等西方国家的证据理论过程中，我国刑事证明理论取得了大量成果，在外观上形成了刑事证明理论体系，但从内容来看这一体系尚不权威、成熟。在这一表面繁荣的理论体系中，理论界对刑事证明的基本问题和具体理论仍存在较大争议，譬如，刑事证明对象是否仅包含实体法事实，是否还包括程序法事实、证据法事实。当前，我国证据法学界在开展研究和分析问题的过程，存在过度依赖比较研究方法的倾向，仍然是在西方证据法学话语体系的范畴之内介绍、移植域外的相关理论，或者将我国刑事证明立法和司法实践与域外相关实践比对来验证域外相关理论，几乎无独立品格可言。除了个别学者在总结我国长期以来司法实践经验基础上提出刑事印证模式和刑事印证规则等少数的概念和理论之外，我国证据法学界鲜有更多的有别于域外的原创性命题和理论涌现出来。[1] 有学者在观察这种依靠域外理论来寻求学术灵感的思维惯性现象后，将这一研究范式总结为翻译法学。[2] 英美证据法难以为

---

① 王超：《中国刑事证明理论体系的回顾与反思》，载《政法论坛》2019 年第 3 期，第 33~34 页。

② 封利强：《司法证明过程论——以系统科学为视角》，法律出版社 2012 年版，第 15 页。

我们提供证据评价和心证形成的现成的规则指引，研究刑事证据印证规则有助于打破翻译法学的藩篱，可以成为我国证据法学研究从翻译法学迈向本土法学的突破口。对于摆脱司法证明的现实困境、揭示证明规律、探寻证据立法的科学化路径大有裨益。①

三、刑事证据印证规则的基本原则

不同证据之间的印证所体现的关于证据契合的内在精神在两大法系国家的证据法中都有所体现。② 印证的理念体现了司法能动主义的精神，由司法理性加以保障。③ 一方面，刑事证据印证规则对证据的质与量提出了具体的要求，这些要求来自对长期司法实践的经验总结，将在第四章至第六章展开论述。另一方面，刑事证据印证规则还要符合某种抽象的要求，即刑事证据印证规则的设置与适用须符合一定的基本原则。

（一）合乎程序正义

证据规则不是独立存在、独立适用的。证据规则是在诉讼程序的推进过程中发挥效用的。一方面，设置和适用刑事证据印证规则须符合法定程序。法定程序对刑事证据印证规则有约束作用。例如，在违背法官回避制度、合议制度、集中审程序设置、质证程序安排等情况下，适用刑事证据印证规则认定案件事实的结果归于无效。另一方面，刑事证据印证规则要能保障程序正义价值的实现。刑事证据印证规则重视对证据资格的筛查，过滤掉不具备证据资格的材料。刑事司法实践中，不具备证据资格的材料通常是不具备合法性的材料，在这

---

① 封利强：《司法证明过程论——以系统科学为视角》，法律出版社 2012 年版，第 15—16 页。

② 谢小剑：《我国刑事诉讼相互印证的证明模式》，载《现代法学》2004 年第 6 期，第 72 页。

③ 司法理性即法官在司法裁判中的职业理性。具有司法理性的认识，一方面来自司法职业的学科教育培养，另一方面逐步形成于法官长期的司法实践。

些不具备合法性的材料中又以搜集主体不合法、搜集程序不合法为主，因此，证据合法性审查往往与程序正当与否的审查相挂钩。刑事冤案中暴露的虚假印证大都存在这一方面的问题。刑事证据印证规则对此严格把控，减少获取非法证据、制作虚假证据滋生的侵害当事人人权的现象，重视确保认定案件事实的过程合乎程序正义的要求。

（二）符合实体正义

探求案件真相、实现个案的实体公平正义是刑事诉讼的根本目标。[①] 合乎公众朴素正义观的规则更有令人信服和尊崇的力量。包括刑事证据印证规则在内的证据规则的设置都是服务于诉讼价值目标的。在进行刑事证据印证规则内容的设置和完善时，在适用刑事证据印证规则的过程中，在不冲击其他价值追求的前提下，立法者和司法者应最大限度推动个案事实真相的挖掘，修复被害人受损的法益，弥合破损的社会关系。刑事证据印证规则的初衷就是帮助法官高效而准确地认定案件事实，减少刑事冤案的生成，避免无辜者在司法惯性中蒙冤受屈。如果刑事证据印证规则的设置不具有善的品质，该规则的适用无法实现个案的实体正义，那么，该规则本身就不能成为规则。刑事证据印证规则中对定案根据的数量作出要求、不允许孤证定案等内容都是为了避免法官对案件事实的误认。此外，刑事证据印证规则的适用融合于诉讼程序之中，在保障程序正义得以实现的同时也在一步一步接近实体正义。

（三）满足诉讼效率

司法制度作为一种输出、生产正义的制度，它需要在追求正义的过程中考虑成本与所得效益的比率问题。[②] 刑事证据印证规则可以指引法官分解和确定证明对象、围绕单个证明对象构建单一证据链、围

---

① 李建明：《刑事证据相互印证的合理性与合理限度》，载《法学研究》2005 年第 6 期，第 24 页。

② ［日］棚濑孝雄：《纠纷的解决与审判制度》，王亚新译，中国政法大学出版社 2004 年版，第 267 页。

绕全案证明对象搭建全案证据链，通过细化的子规则为法官筛选、评价证据并评价全案证据是否符合证明标准提供逻辑清晰的指向。一方面，刑事证据印证规则将司法证明活动限制在证明对象范围，并强调对证据资格的审查，将虚假证据、非法证据等无效证据排除在定案根据之外，减少无效的证明活动。另一方面，刑事证据印证规则将证明标准融入司法证明活动的具体过程之中，使抽象的证明标准具体化、更具可操作性，旨在避免法官面对大量证据无从下手的窘境，帮助法官更高效地筛选和组织证据。与此同时，刑事证据印证规则中的禁止重复证明子规则，指明了证据数量对证明力评价的影响，通常用于证明同一证明对象的证据越多，则多项证据叠加产生的综合证明力越大，但雷同证据、重复证据的增加并不导致综合证明力增大，这类内在子规则的设置旨在为法官排除重复证明的干扰，得以节省个案的时间成本，避免过度证明占据更多的司法资源。

第四章　刑事证据印证规则的宏观结构

刑事证据印证规则的宏观结构面向的是刑事证据印证基础规则，是指刑事证据形成完整的证据链应符合的前提性规则和基础性要求，是刑事证据印证规则的根基。从刑事证据印证规则的宏观结构来看，普遍适用以下规则。

第一节　争点导向规则

争点导向规则是刑事证据印证规则的基础要求，也是框定司法证明范围、确保司法证明高效进行的根本要求。争点导向规则强调证据要有实质性。具体而言，即是从证据的内在属性强调证据证明的内容与证明对象的关系。倘若一个证据可以证明案件争点，那么该证据对该案之裁判结果来说就是有法律上的特定意义的。这种意义就是该证据具有实质性的表现。① 争点导向规则是指同一条证据链上的证据都应当以争点为中心，对争点有证明作用。诉讼双方对同一问题提出相反的诉讼主张即构成争点。争点包括法律争点和事实争点，前者因法律适用问题的争议而产生，后者是对同一事实问题双方各执己见。在刑事诉讼中，控方承担证明被追诉人有罪的证明责任，辩方则是针对控诉事实进行抗辩，而极少提出此重罪不成立而事实上构成

① 樊崇义主编：《刑事证据规则研究》，中国人民公安大学出版社 2014 年版，第 220 页。

轻罪的主张。① 因而，在定罪程序中，刑事案件的争点主要表现为事实争点。争点导向规则要解决的是定罪程序围绕哪些争点展开、争点如何确定、以争点为导向的意义何在等问题。

一、何谓争点

我们将从内涵、特性、外延等三个方面来阐释何谓争点。

（一）争点的内涵

刑事诉讼中的事实争点是案件之待证事实、要证事实、争议事实，是证明活动中的证明对象。② 因此，争点、证明对象、待证事实、要证事实、争议事实在内涵上是一致的，可以互为替代使用。探究何谓争点就是探究何谓证明对象。

关于证明对象，有学者提出，诉讼中的证明对象有两重含义：其一是他向证明的接受者，即他向证明活动要说服的对象；③ 其二是证明的承受者，即需要证明的事实，又称为证明的客体。通常而言，证明客体指向的是尚不为证明主体所知的或者证明主体存在争议的案件事实。如果某一事实是人所共知的或是控辩双方都认可的，那么该事实没有证明必要，该事实就不是证明客体。一般来说，由于证明的主体即举证方知道或者自认为知道案件事实，因而，对于尚不为证明主体所知的事实，仅要求其不为质证方所知或者不为认证方所知，而

---

① 原则上控方指控被告人构成某项相对重罪的罪名，而事实上被告人构成轻罪，除非控辩交易中为被告人争取定罪量刑上的优待或者控方变更起诉罪名，否则辩方只可就指控的重罪进行无罪辩护，而不得主张被告人轻罪罪名成立。这主要出于两方面的考虑：其一，控方指控重罪，出于不告不理的原理，法庭的审判对象是重罪；其二，在仅指控重罪的情况下辩方主张轻罪是置被告人于不利的境地。

② 陈朴生：《刑事证据法》，三民书局 1979 年版，第 152、156 页。

③ 学者何家弘认为，不少人用证明对象来指代待证事实，此理解方式会导致人们忽视他向证明的说服对象这种证明对象。自向证明要说服的对象是证明主体自己，归根到底，等同于不存在证明的领受方。

不论其他人是否知悉。[①]

　　本书所称的争点、证明对象仅指证明客体，是与证明主体相对应的概念，是证明主体运用证明手段所要证明的系争事实，不包括证明活动要说服的对象。[②] 证明法律关系的主体包括举证方、质证方、认证方。控辩双方互为举证方和质证方，是证明主体的重要组成部分。裁判者负责认证工作，是司法证明活动要说服的对象。因此，该学者所称的第一类证明对象实质上是属于证明主体的范畴。司法证明对象是指应当由证明主体举证证明的案件事实。[③] 刑事司法证明对象则主要指犯罪构成要件事实和有关量刑情节的事实，而定罪程序中的证明对象则主要指犯罪构成要件事实。[④] 案件事实发生于诉讼程序启动之前，裁判者没有亲身经历案件发生过程，只能通过司法证明活动来尽可能客观全面地回溯和还原事实，这些为查明真相而需要举证证明的事实就构成了证明客体。[⑤]

　　在刑事诉讼中，即使控辩双方对犯罪构成要件事实没有争议，仍然需要运用证据予以证明。即使被告人供认不讳，控辩双方没有争议，仍然需要运用其他证据予以证明才能认定。正如有学者指出："争议事实固然是刑事证明对象的关键部分，是控辩双方进行举证、说服活动的重点。但是，由于刑事诉讼的特殊性，有时对于无争议的事实的证明也并非不重要。"[⑥]

（二）争点的特征

　　其一，从争点的本质内容来看，客观事实真相是证明主体的认识

[①] 何家弘、刘品新：《证据法学》，法律出版社 2011 年版，第 199—200 页。

[②] 卞建林主编：《证据法学》，中国政法大学出版社 2000 年版，第 276 页。

[③] 这里所说的证明主体仅指举证方、质证方，不包括作为认证方的审判者。

[④] 这里所说的"有关犯罪行为构成要件的事实"，既包括犯罪行为构成要件的事实本身，还包括用于证明犯罪行为构成要件的事实的实质证据的证据法事实。这一观点在本节关于争点的类型中将深入地展开论述。

[⑤] 樊崇义主编：《证据法学》，法律出版社 2017 年版，第 259 页。

[⑥] 熊秋红：《刑事证明对象再认识》，载王敏远主编：《公法》第 4 卷，法律出版社 2003 年版，第 12 页。

对象，争点不是客观事实本身，而是证明主体对作为认识对象的客观事实的认识。一方的证明活动是为了说服他人去相信他关于案件事实的认识或者信念是真的。客观上发生的案件事实本身，是一种客观存在，而不是存在真假判断的命题。因此，案件事实本身不是证明客体。司法证明活动是一个举证方和质证方进行他向说服并促使裁判者形成内心确信的说服过程。说服者向被说服者传递的是说服者自身持有的信念或者信念集合，而不是产生信念的自在之物。这种信念或者信念集合是他们对客观存在的深信不疑的认识。而这种认识可能与客观存在一致，也可能与客观存在有出入。在这种情况下，他向证明对象已经不是客观上发生的案件事实本身，而是经过认识之后的认识结果了。质言之，自在之物只能被感知，我们只能陈述对自在之物的认知，而无法陈述自在之物本身。证明主体对案件事实的陈述和判断也只是其对案件事实的感知结果的命题化表达，不能等同于客观事实。

其二，从争点的范围来看，争点不要求穷尽案件的一切细节，只需要限定于刑事法所明确规定的相关要件。证明对象要件化是连接客观事实与证明对象的纽带。作为刑事裁判基础的案件事实，仅须符合相关法律规定的要件。譬如，是否构成故意杀人罪，仅须判断行为人有无杀害他人的主观故意，有无实施杀害他人的客观行为，以及是否具备刑事责任能力，与定罪无关的其他问题则不在裁判者审查的范围之内。案件事实的要件化本质上就是立法者立足刑事司法的价值追求，从某一类型的案件事实中提炼若干要件事实作为定罪量刑依据的过程。而适用法律的过程，则需要在特定案件中实现要件事实的具象化。在刑事司法证明中，证明客体的范围在一定程度上受制于证明主体的意志。一方面，控辩双方就案件事实提出的相关主张圈定了证明活动的范围。基于不告不理原则，对于双方当事人无争议的部分事实，就不会投入过多时间和精力进行审查。另一方面，审理者有权从查明事实真相的需要出发划定待证事实的范围，故而，审理者的职权行为会直接对证明客体施以影响。①

其三，从法律关系的视角来看，争点或者证明对象是证明法律关系的客体。法律关系是法学理论的基础概念，就像刑事诉讼法中的刑事诉讼法律关系一样，②证据法中也存在证明法律关系。证明法律关系存在于诉讼领域和仲裁等准诉讼领域中。证明法律关系始于待证事实的出现。一旦有了需要证明的案件事实，便出现了由谁来证明、用什么样的证据来证明以及证明到何种程度等问题。由此，就滋生了存在于各证明主体之间以及证明主体与其他证明参与人之间的某种权利义务关系。这就是证明法律关系的滥觞。证明法律关系，就是指证明主体和其他证明参与人在确定案件事实的过程中，③通过举证、质证、认证等活动而形成的各种权利义务关系的总和。④刑事司法证明的场所是法庭，刑事证明法律关系不仅存在于集中审阶段，还存在于程序审环节，例如，法官就辩方提出的排除非法证据的动议进行程序性裁判。我们所说的证明客体是证明法律关系的客体的简称。证明法律关系的客体是指证明法律关系主体间的权利义务所指向的对象。一切诉讼证明活动都是围绕待证事实展开。⑤在证据法的语境下，要证事实和待证事实是通用的。因此，证明法律关系的客体是待证事实或者要证事实。整个刑事诉讼过程可以说是旧的证明关系不断消灭，新的证明关系不断产生的过程，包含着诸多相对独立的证明法律关系。当控辩双方就若干实体法事实提出不同主张时，就产生若干个实体性证明法律关系。当控辩双方就若干程序法事实提出不同主张时，

---

① 封利强：《司法证明过程论——以系统科学为视角》，法律出版社 2012 年版，第 141-142 页。

② 汪建成、张向军：《刑事诉讼法律关系若干问题之研究》，载《烟台大学学报（哲学社会科学版）》1993 年第 1 期，第 29-31 页。

③ 证明主体包括事实裁判者和证明当事人，即认证方、举证方、质证方；其他证明参与人主要指证人、鉴定人等。

④ 封利强：《司法证明过程论——以系统科学为视角》，法律出版社 2012 年版，第 113-114 页。

⑤ 无论是控辩双方的举证质证行为，还是裁判者的认证活动，都是为证明客体服务的。

就形成若干个程序性证明法律关系。而当控辩双方就若干证据法事实提出不同主张时，还会孕育出若干个附属性证明法律关系。上述证明法律关系的存续期间不尽相同，在一定程度上彼此独立。[①]

此外，从发生学层面来看，刑事司法证明活动始于刑事诉讼的启动，刑事司法的证明对象是以控方的事实主张为基础的，没有控诉事实就不会有刑事司法的证明对象。从证明对象与证明责任的关系来看，二者相互对应、相伴而行。一方面，对于任意一个证明对象而言，都会存在证明责任及其分配问题。另一方面，证明责任的产生以证明对象的形成为前提，不存在脱离证明对象的证明责任。从证明对象与证据的关系来看，证据是由于其可以用于证明某一证明对象而被赋予了意义，证明对象需要借助证据得以证明。倘若某项事实不需要借助证据证明，则该事实不是证明对象，而是属于司法认知的范畴或者免证事实。在刑事司法中，对于法律规定必须由证据证明的事实或者双方有争议的事实，如果无证据证明，则无法认定犯罪事实成立。从证明对象与实体法的关系来看，实体性证明活动是诉讼证明的核心，相当多的证明对象是控辩双方基于实体法而提出的。因而，如果把刑事证明对象比作一棵树，刑事实体法确立的犯罪构成要件事实是刑事证明对象这棵树的核心和主干。[②] 除此之外的相关程序法事实，以及依附于实体法事实的证据法事实，则分别构成这棵树的细小枝丫和分支。

（三）争点的类型

争点的划分主要有两大标准，其一，以争点或证明对象所依据的法律规范为标准，其二，以争点或证明对象的强制性程度为标准。

1. 以争点所依据的法律规范为划分标准

根据争点所依据的法律规范是证据法、程序法还是实体法，可以

---

① 封利强：《司法证明过程论——以系统科学为视角》，法律出版社 2012 年版，第 118 页。
② 何家弘、刘品新：《证据法学》，法律出版社 2011 年版，第 199-200 页。

将争点或证明对象分为证据法事实、程序法事实以及实体法事实。①
我国传统证据法所认为的争点仅指实体法事实，随着人们对刑事诉
讼法和证据法的独立价值意识的觉醒，越来越多的学者认为刑事司
法的争点除了实体法事实之外，还包括程序法事实、证据法事实。②
那么，我们在讨论刑事印证问题时主要涉及哪些争点呢？在刑事证据
印证规则的管理学基础一节中，我们已经论证了刑事司法证明的三
大系统，并提到我们讨论印证问题是在诉讼进程不受影响的前提下
进行的，这是因为如果诉讼进程无法顺利进行也就不会出现审理者
如何认定案件事实的问题。因此，讨论印证问题的前提是程序性证明
不对实体性证明造成干扰，刑事证据印证主要涉及实体性证明、附属
性证明两大彼此交融的证明系统，谈论印证问题时的争点主要是实
体法事实和证据法事实。换言之，在定罪程序中，事实争点主要是犯
罪构成要件事实和关乎证据可靠性的事实。

2. 以争点的强制性程度为划分标准

根据争点的强制性之强弱，可以将争点划分为法定争点、意定争
点。刑事诉讼中的实体法事实由刑事实体法规定，是法定争点，无论
当事人是否存在争议，均需要予以证明，法定证明法律关系随着诉讼
的开始而产生。程序法事实和证据法事实属于意定争点，只有控辩双
方发生争议时才需要证明，无争议时可以不需要证明，意定证明法律

---

① 由于某些程序行为与证据调查活动相关，且程序行为会影响证据资格和证据价值，后
两者的界限有时并不十分清晰。但我们依然可以从适用法律以及裁判类型这两个层面来区分二
者。对于适用程序法而作出程序性裁判者，如是否延期审理等，应当纳入程序法事实中。对于
适用证据法而作出附属性裁判者，如某项证据有无证据资格，则应当归为证据法事实。

② 由此，出现了争点的狭义说、折中说、广义说并存的局面。见宋英辉、汤唯建主编：
《证据法学研究述评》，中国人民公安大学出版社 2006 年版，第 293 页。具体而言，狭义说认
为争点仅指实体法事实。折中说认为争点除了包括实体性要件事实外，还包括程序性要件事
实。见卞建林主编：《证据法学》，中国政法大学出版社 2000 年版，第 276 页；何家弘、刘品
新：《证据法学》，法律出版社 2011 年版，第 204-206 页。广义说认为争点或者证明对象还囊
括证据法事实。从证据法的演变历史来看，证据法事实和程序法事实作为证明客体是随着证据
法和程序法的完善而出现的，反映了司法证明的精细化趋势。见封利强：《司法证明过程
论——以系统科学为视角》，法律出版社 2012 年版，第 114 页；刘金友主编：《证据法学新
编》，中国政法大学出版社 2003 年版，第 185-190 页。

关系随着争议事实的出现而产生。在刑事司法实践中，控方呈交法庭的证据通常被推定为有效证据。仅在辩方或者审理者就该证据的证据资格或证明力提出质疑时，才会要求控方提交相应的辅助证据来支撑实质证据的可靠性。英美法系的证明模式具有较强的对抗性色彩，不告不理原则的体现更为彻底，对于控辩双方呈交法庭的证据，如若对方无异议，则刑事法庭通常不会否认该证据的可采性。如果对方有异议，质证方就需要提供否定该证据可靠性的弹劾证据，举证方就可提供用于支撑实质证据可靠性的支持性证据。大陆法系的证明模式则展现出较强的职权化色彩，即使双方对某些证据之资格和证明价值没有异议，也不妨碍审理者对此提出质疑并责令举证方呈交相应的辅助证据。① 如前所述，刑事证据印证系统的争点主要涉及实体法事实、证据法事实。因此，刑事证据印证系统的法定争点指的是实体法事实，意定争点主要指证据法事实。

结合上述分类，为了展示刑事司法证明对象的体系和具体构成，我们整理了表 4-1，其中，刑事证据印证系统中的争点主要指实体法事实、证据法事实。

表 4-1　刑事司法中证明对象的体系与具体构成②

证明对象	法定证明对象	意定证明对象	
类型	实体法事实	证据法事实	程序法事实
法律依据	实体法	证据法	程序法
内涵	可能引起实体法律关系产生、变更和消灭的事实	可能引起证明法律关系产生、变更和消灭的事实	可能引起程序法律关系产生、变更和消灭的客观情况

① 封利强：《司法证明过程论——以系统科学为视角》，法律出版社 2012 年版，第 115 页。

② 卞建林、谭世贵主编：《证据法学》，中国政法大学出版社 2010 年版，第 400-404 页；何家弘、刘品新：《证据法学》，法律出版社 2011 年版，第 204-206 页；封利强：《司法证明过程论——以系统科学为视角》，法律出版社 2012 年版，第 145-147 页。

续表

证明对象	法定证明对象	意定证明对象	
外延	（1）犯罪构成要件的诸事实；（2）作为从重、从轻、减轻、免除处罚理由的事实；（3）排除行为的违法性、可罚性和行为人刑事责任的事实；（4）被告人的人身情况和犯罪后的表现	证据能力事实和证明力事实，具体包括：（1）据以排除非法证据的事实；（2）证人有不到庭正当理由的事实；（3）证人诚实程度的事实；（4）证人与当事人有利害关系的事实；（5）其他影响证言可靠性的事实；（6）有关实物证据真伪的事实等	（1）作为申请回避事由的事实；（2）据以采取逮捕等强制措施的事实；（3）据以变更或解除强制措施的事实；（4）据以提起公诉的事实；（5）据以作不起诉处理的事实；（6）耽误诉讼期间的事实；（7）原审违反法定程序的事实；（8）据以暂予监外执行或终止执行死刑的事实等
证明子系统	实体性证明系统	附属性证明系统	程序性证明系统
裁判	实体性裁判	附属性裁判	程序性裁判

二、争点对印证的意义

其一，证明对象是司法证明的出发点和归宿。从认识发生学的视角考察诉讼证明活动，证明对象是证明活动的起点。从证明对象出发，这才有了由谁来证明、用什么来证明、证明活动如何开展、如何认定案件事实等一系列问题。证明主体、证明手段、证明标准等概念在此基础上应运而生。在判断综合证明力是否达到证明标准时，需要考察证据是否充分，亦即考察证据对证明对象的覆盖度问题。由此可见，司法证明始于争点，最终又回归到争点上来。

其二，争点是证明活动的定向机制，它限定了司法证明的范围，限定了证明主体的活动场域。有限的司法资源和庞大的案件量之间的矛盾是一个永恒的话题。为了让司法资源的配置达到最优化，就需要遵循诉讼经济原则，让司法效益和司法投入的比值最大化。对于诉讼证明而言，如果需要调查、认证的范围愈大，那么需要投入的时间、精力、金钱等成本就愈多，对证明主体造成的诉讼负累就愈沉重。[①] 这就要求立法者科学划定证明活动的范围，既保证追诉犯罪的诉讼价值得以实现，又减少不必要的投入。司法证明行为着眼于争点，围绕着争点展开，是一切证明活动的最终指向。证明对象的存在使得证明活动产生向心力，证明主体可以针对不同的证明对象择优选取证明策略、手段，妥善而理性地安排其证明行为。

其三，证明对象实际上决定着特定材料能否成为定案证据。在证明法律关系中，证据是证明手段，证明对象是证明客体，证明主体提供的哪些材料可以成为证据，需要从多方面考虑，其中该材料能否反映证明对象是该材料能否成为证据的必要不充分条件。易言之，证据是与证明对象相对应的。如果某个材料不能用于证明待证事实，那么该材料就不能成为证据，也就不存在其是否具有证据资格或者证明价值的问题。在一些国家的证据法理论中，存在主要证据和辅助证据的区分。前者用于证明实体法上的要件事实，后者用于证明辅助事实。[②] 是否承认主要证据之外还存在辅助证据就反映了该证据法体系中的证明对象范围，一个国家的证据法中承认辅助证据的证据能力和证明力，意味着该国证据法中的证明对象包括主要案件事实和辅助事实，即与案件有直接关联性的事实，以及虽与案件事实无直接关联性，但由于用于证明主要证据的可信性却与案件事实有间接关联性的事实。

其四，证明对象是司法人员高效办案的前提。证明对象解决了诉讼证明的首要问题。只要司法人员准确把握该案的证明对象，就可以促使诉讼证明活动的开展更为高效、秩序井然、目标明确和更有针对性。让更多的时间和精力花费在查明事实真相的有效活动中，可以避

[①] 封利强：《司法证明过程论——以系统科学为视角》，法律出版社 2012 年版，第 175 页。
[②] 刁荣华：《刑事诉讼法释论》，汉苑出版社 1977 年版，第 193 页。

免遗漏对某些待证事实的查明，还有助于减少来自与定罪量刑无关的烦冗琐碎的其他事实的干扰。①

其五，证明对象是审判者组合证据、构建证据链的核心。证据链的构建涉及从证据到事实的分析，是从个体到整体的过程。以争点为中心对零散的证据进行甄别、筛选、排列组合的过程，实质上就是构建刑事证据链或者说是构建刑事证据印证系统。证据链的搭建，往往需要围绕特定的证明对象，按照证据规则、证明标准，对各种证据进行分类和排列组合，使案件证据条理化、系统化，清晰而有条理地揭示证据内容和证明对象之间的关系，从而确认案件事实。同一条证据链上的证据围绕着同一个证明对象，以同一个证明对象为证明目标，协调一致地共同形成一个有机的证明系统。证据以争点为导向组合成证据链，是证据从证据现象到证明结论的基本途径。② 如第三章所述，证明对象的数量决定了刑事证据印证系统中子系统的数量。构建刑事证据链还要符合刑事证据印证规则的其他要求，如第四章、第五章提到的其他子规则。

其六，探究证明对象理论有助于提升我国证据法学基础理论研究的精深化水平，开拓我国基础理论研究的新范畴。证明对象理论还具有沟通实体法、程序法和证据法的功能。开展证明对象基础理论研究，对我们从整体意义上正确把握和适用实体法、程序法和证据法，以及完善诉讼证明相关理论大有裨益。

第二节　可采性优化规则

争点导向规则指出了一个证据材料能成为定案根据的最为基本的要求，可采性优化规则指出了一个证据材料能成为定案根据的进

---

① 樊崇义主编：《证据法学》，法律出版社 2017 年版，第 260 页。
② 薛献斌：《证据组合论》，中国检察出版社 2008 年版，第 384 页。

一步要求。诚如学者所言，定案证据是证明被追诉人是否实施犯罪行为，以及据此作出有罪或者无罪判决的证据，它往往来自控辩双方提交的证据。[①] 除了少数情况下，定案根据来自法官的职权调查行为外，在多数情况中，首先应当由控辩双方提交相关证据材料，随后经过两方的质证，最终由法官进行认证，即由法官来确定哪些证据材料可以作为定案根据。如果一项证据材料取证程序不合法或者不符合法定的证据形式或者不具有查证性，[②] 则无法成为定案证据。[③] 可采性优化规则的设置旨在促使证据准入的审查和证明力审查相分离，[④] 破除证据审查的扁平化，[⑤] 构建起立体化的证据审查机制，从而防止虚假证据混入证据链中形成虚假印证并滋生刑事冤案。

可采性优化规则是指证据链上的证据不仅应当具有证据能力，还要具备可采性，之后通过交叉询问对具有可采性的证据进行过滤，筛选出作为定案根据的证据。具体而言，可采性优化是一个从证据筛选到证据评价再到证据采信的过程，可采性优化规则可细化为以下三个层次的要求。

一、符合证据能力规则

这是关于证据筛选的要求。如前所述，证据能力即证据资格，证据能力的意义体现为一系列的证据排除规则。不具备证据能力的相关证据材料在集中审之前的证据交换、庭前会议环节中，根据控辩双

---

① 张继成：《控诉证据、辩护证据和定案根据刍议》，载《法商研究（中南政法学院学报）》1997 年第 4 期，第 69 页。

② 此处的查证性指的是证据材料应当经过两造质证、辩论后才可以作为定案根据。强调查证性是为了避免虚假证据进入法官视野，避免虚假证据影响法官裁量的过程和结果。见张继成：《控诉证据、辩护证据和定案根据刍议》，载《法商研究（中南政法学院学报）》1997 年第 4 期，第 70 页。

③ 张继成：《证据基础理论的逻辑、哲学分析》，法律出版社 2011 年版，第 138-139 页。

④ 吴洪淇：《刑事证据审查的基本制度结构》，载《中国法学》2017 年第 6 期，第 170-173 页。

⑤ 吴洪淇：《刑事证据审查的基本制度结构》，载《中国法学》2017 年第 6 期，第 181 页。

方的证据排除申请，由法官确认后予以排除。是否具备证据资格，决定着证据材料能否进入集中审程序。

（一）证据能力审查的现状反思与必要性分析

形式印证常常忽视对证据材料的实质审查，机械适用印证规则挤压了法官心证的空间。[①] 刑事司法实践中暴露出来的多数刑事冤案大都混淆了证据资格和证明力，通常缺乏有效的证据资格审查，[②] 且误将证据资格的判断建立在该证据与其他证据在证据信息上的吻合程度之上。虚假印证导致刑事证据印证规则背了黑锅，被抨击成是忽视对单个证据的独立审查，违背保障人权、程序正义的理念。过于依赖被追诉人的口供滋生了一系列诱供、逼供等非法取证事件，从而侵害被追诉人的权利并影响对事实真相的发现能力。[③]

可喜的是，我国证据立法已经开始更为注重印证证据本身的品质或资格问题。例如最高法《解释》第 106 条关于隐蔽性证据的资格问题时提到，由被追诉人供述所获取的隐蔽性证据除了应当与案件中的其他证据相互印证之外，还对供述本身提出了质量要求。如果该供述存在非法取证的可能，该供述就不具备证据资格，根据该供述获得的证据材料也不得成为呈堂证据。我们可以发现，我国刑事立法在提到印证时已经对证据能力的审查提出了具体要求。[④]

（二）证据能力审查的正当性论证

在人文社会科学领域中，很多现象难以用精确、严格的函数关系来确定不同变量与结果之间的关系。与函数关系相比，相关关系中变量与结果的关系就表现得并不十分确定。因此，在研究人文社会科学

---

① 胡铭、邱士辉：《司法证明中的印证规则与事实认知》，载《浙江学刊》2018 年第 3 期，第 122 页。

② 吴洪淇：《刑事证据审查的基本制度结构》，载《中国法学》2017 年第 6 期，第 183 页。

③ 谢小剑：《我国刑事诉讼相互印证的证明模式》，载《现代法学》2004 年第 6 期，第 75—76 页。

④ 汪海燕：《印证：经验法则、证据规则与证明模式》，载《当代法学》2018 年第 4 期，第 28 页。

领域的一些现象及其背后规律时，借用相关关系的表达比借助于函数关系的表述更为稳妥。当我们将考察的视野转换到证据法学领域中，会发现该领域也存在颇多相关关系。证据材料和依据证据材料作出的裁判结果是否为真，需要分析多重变量。其中，该证据材料的初始可信度有多高，该证据材料与其他证据材料之间的印证程度有多高，是需要考量的两大核心要素。易言之，证据材料和依据证据材料作出的裁判结果是否为真，既和该证据材料的初始可信度呈正相关关系，也和该证据材料与其他证据材料之间的印证程度呈正相关关系。如果一项证据材料的初始可信度越高，或者该证据材料与其他证据材料之间的印证程度越高，则该证据材料以及依据该证据材料作出的裁判结果的似真性越高。值得注意的是，这两种变量对结果的作用效果有所不同，第一种变量具有特殊性，它对结果的判断具有一票否决的影响。具体而言，我们可以从以下三点来认识这种相关关系。其一，如果一项证据材料不可信或者其初始可信度极低，即使该证据材料与其他证据材料之间的印证程度极高，那么该证据材料由于可能误导裁判而不得作为定案根据，依据该证据材料作出的裁判结果为真的概率会直线下降。其二，如果一项证据材料的初始可信度极高，那么该证据材料和依据该证据材料作出的裁判结果为真的可能性就很高，此时，对该证据与其他证据的印证程度要求就会宽松许多。譬如，由有鉴定资质的机构出具的鉴定意见具有相当高的初始可信性，通常不需要借助多项其他证据材料与鉴定意见的印证程度来判断该鉴定意见的可信性。其三，如果一项证据材料的初始可信性不那么高，那么要让该证据材料和依据该证据材料作出的裁判结果为真，就要对该证据材料与其他证据材料的印证程度提出更高的要求。譬如，警犬辨认结果的准确性是存疑的，因此，警犬的辨认结果的初始可信性不高，为了确保该辨认结果和裁判结果为真，就需要考察该辨认结果与其他证据材料是否高度吻合。[①] 因此，符合证据能力规则是运用刑事证据印证规则的重要前提。

二、合乎可采性规则

合乎可采性规则是关于证据评价的要求。证据具有可采性意味着证据不仅具有证据资格，还对案件事实有一定的证明作用，即具有一定的证明力。但并非所有具备证明资格和证明力的证据材料都具有可采性，限制这类证据材料可采性的规则即为证据可采性规则。譬如，品格证据尽管与案件事实有一定的关联性，但由于其引起的事实裁判者对被告人的偏见通常大于其证明价值，原则上品格证据不具有可采性，仅在品格是犯罪构成要件事实，或者辩方率先使用其良好品格证据或被害人不良品格证据等特定情形下，品格证据才有可采性。具有可采性的证据都有成为认定案件事实的根据的可能性。

（一）何谓证据可采性

在美国证据法中，任一可采的证据都要顺利经过三重检验，分别是有无实质性、有无证明性，以及有无有效性。易言之，可采性由实质性、证明性、有效性三项要求构成。实质性强调证据是针对案件的实质性争议问题提出的，如果一项证据材料是用来证明当事人双方无争议之事实，则该证据材料不具有实质性。证明性要求一项证据应当能使得某个待证的实质性争议事项更有可能或者更不可能。有效性判断解决的是当事人提出的证据是否会因为存在特定排除规则所规定的证据排除情形而归于无效的问题。[②] 在第二章中，我们已经提到可采性是相关性理论演化过程中产生的概念，一般意义上的相关

---

① 薛爱昌：《为作为证明方法的"印证"辩护》，载《法学研究》2018 年第 6 期，第 34 页。

② 李树真：《精细化司法证明中逻辑与经验基本问题研究》，中国社会科学出版社 2012 年版，第 101 页。

性可以分解为实质性和证明性。由此，英美法系的证据可采性以一般意义上的相关性为基础，还增加了证据有效性的要求，即具有可采性的证据应当符合法律政策、司法理念的特殊考量和价值期许。

（二）具有相对性的有限可采性

在英美法系的证据法理论中，可采性是一个具有相对性的概念，此即有限可采性理论。更准确来说，一个证据是否具有可采性，取决于证据所指向的证明对象的是什么。麦考密克认为，这种相对性主要体现为三个方面。其一，某项证据不能用于证明要件事实，但可以作为辅助证据，用来弹劾对方的主张或者对方提供的证据可信性。比如可以用传闻证据来攻击证人的诚实品格从而弹劾其证言的可信性。其二，某项证据只能用于证明此争点，而不能用于证明彼争点。例如，在一起共同犯罪案件中，共犯于庭外陈述被追诉人的犯罪经过，对于指控被追诉人而言，由于该庭外陈述为传闻证据，法官会提示陪审团该陈述对指控犯罪而言不具有可采性。但如果该陈述用于追究作出陈述的共犯的罪行，则视该陈述为共犯的自认，可以作为定案根据。其三，某项证据仅在反驳其中一方的主张时具有可采性，不得用于反驳另一方的主张。①

（三）比较法视野下的证据审查模式

在证据筛选和证据评价上，英美法系采用较为严格的区分模式，大陆法系则采用以法官审查判断为主导的融合模式。在区分模式作用之下，英美法系国家普遍借助可采性理论确立起一道界线，来区分某项证据材料能否进入法庭审理范围。为界线所框定者，具有可采性，可以进入法庭审理程序，交由控辩双方质证、辩论和审理者审查，而被排除在界线之外者，则没有进入法庭审理程序的资格，不属于控辩双方质证的对象。在以法官审查判断为主导的融合模式影响之下，大陆法系国家通常不区分某项证据材料有无进入法庭审理范

---

① ［美］约翰·W. 斯特龙等：《麦考密克论证据（第5版）》，汤唯建等译，中国政法大学出版社2004年版，第113—128页。

围的资格，一般而言，证据材料都可以进入法庭审理范围。大陆法系国家通过确立证据资格的概念来区分某项证据材料有无资格作为定案根据。大陆法系国家将证据材料有无资格交由控辩双方辩论，并最终由法官认定该材料有无作为定案根据的资格。如果说，英美法系对于证据审查时采取严进严出的立场，大陆法系则是采取宽进严出的立场。①

就区分模式而言，其内在局限性主要有以下表现。首先，证据可采性的审查以及不当证据的排除程序的启动以控辩双方提出异议为条件。法官居于消极中立的立场，通常无法主动启动上述程序。如果控辩双方因疏忽或者故意而不提出异议，就可能导致本应当被排除的证据流入法庭审理范围，程序真实的缺失也有碍于的实体真实的查明。其次，随着英美法系判例法的发展，越来越多需要交由审理者评价的问题被前置到证据筛选程序中来，证据筛选程序有明显的扩张势头，由法官引导陪审团进行证据评价的空间被压缩。证据的筛选与评价的界限开始模糊，不如此前那么分明了。最后，证据评价主要由陪审团负责且陪审团只需要作出终局裁判而不必说明理由，② 尽管法官会对证据的误导性进行提示，但仍难以避免事实认定错误的发生。③ 近年来，这为越来越多英美法系的学者所诟病。

就以法官审查判断为主导的融合模式而言，其内在局限性至少表现为以下方面。首先，由于法官可以依职权对控辩双方均无异议的证据进行审查，可能拖延诉讼进程，影响诉讼效率。再者，法官对证据的认定结果具有终局效力，如若当事人对此有异议，只能通过上诉提出。如果上诉法院认为原审法院在证据审查认定上有无而发回重审，无形中增加了当事人的诉讼负累，也耗费了司法资源。其次，大

---

① 封利强：《司法证明过程论——以系统科学为视角》，法律出版社 2012 年版，第 298 页。
② ［美］米尔吉安·R. 达马斯卡：《比较法视野中的证据制度》，吴宏耀、魏晓娜等译，中国人民公安大学出版社 2006 年版，第 217 页。
③ 封利强：《司法证明过程论——以系统科学为视角》，法律出版社 2012 年版，第 300 页。

陆法系国家筛选证据的规则表现为一系列的证据禁止规则。这些规则实质上是为约束诉讼程序尤其是侦查程序服务的，因而，其归根到底就是程序禁止规则。从大陆法系的证据审查模式开看，其证据制度依附于诉讼程序的特征较为显著，其证据制度的独立性则相对不足。例如，非法证据排除规则更多是关注侦查阶段的证据收集问题。① 最后，证据筛选和评价之间的界限并不明显，由于需要法官主导审查进行，二者往往交错杂糅在一起。这既可能引致庭审程序的混乱，影响诉讼进程，也可能出现部分法官在评判证据证明力之后再返回来考量证据资格问题的情况，产生部分法官有意或无意地挑选出支持其主张的证据并赋予其证据能力的现象。② 这不仅背离了证据二元审查模式的设立初衷，也对追求实体真实的诉讼目标造成了妨害。

从运作过程和运行结果来看，两种证据审查模式各有千秋，也各有其内在的局限性。相对而言，英美法系更注重证据的筛选，大陆法系则相对弱化证据筛选而更关注证据评价。前者更注重规范心证形成之基础，后者则更重视规制心证形成之过程。这种规则设计的产生和其所植根的诉讼文化、审判制度息息相关。这一差异的形成和发展可以从路径依赖理论中得到一些启示。③ 或许两大法系不同的审判制度在形成之初有其偶然因素，但这种审判制度的分离也在相当程度上造就了两大法系证据制度的分离格局。正如历史学者所认为的那样，人类在过去的行为选择都影响着此后的行为选择。④ 由于英美法系负责事实认定的主体是陪审团，因而立法更注重考察进入陪审团

① ［美］米尔吉安·R. 达马斯卡：《比较法视野中的证据制度》，吴宏耀、魏晓娜等译，中国人民公安大学出版社 2006 年版，第 75 页。

② 封利强：《司法证明过程论——以系统科学为视角》，法律出版社 2012 年版，第 301-302 页。

③ 路径依赖理论认为偶然性因素一旦对系统产生影响，系统就会不可逆地持续受到它的影响。见毛立华：《论证据与事实》，中国人民公安大学出版社 2008 年版，第 130 页。

④ ［美］道格拉斯·诺思：《经济史中的结构与变迁》，陈郁等译，上海三联书店、上海人民出版社 1994 年版，中译本序。

视野的证据是否具有误导性。[①] 而大陆法系国家负责事实认定的主体是法官，经过严苛的专业训练并具有高超专业素养的法官能更准确、高效得识别、审查、判断证据，法律对证据筛选就不必设置过于严密的规则。[②] 大陆法系的证据制度更多注重证据的合法性或者合程序性，而英美法系的证据制度除了关注证据的合程序性之外，还考量该证据有无误导陪审团的可能性。[③] 于我国证据审查规则的完善进路而言，兼取二者之长，不失为理智的选择。

三、具备证据能力和可采性基础上的可采性优化规则

证据需要适用具备证据能力和可采性基础上的可采性优化规则，这是关于证据采信的要求。通过第二阶段筛选出的具有可采性的证据可能存在相互矛盾的情况，将相互矛盾的证据都放在证据链上，会导致证据链断裂。因此，对于该采纳哪些证据，还需经过庭审质证程序的考验，即通过控辩双方交叉询问，对指向同一待证事实且都具有可采性但相互矛盾的证据，由法官考虑质证情况采纳更具有说服力的证据作为定案根据，相比之下证明力不足者则不予采信。

有学者提出证据的采纳与证据的采信这一对范畴，分别表达证据资格和证明价值审查判断活动的结果。采纳是对证据的初步审查和认定，用以决定哪些证据可以进入诉讼的大门。采信是对证据的深入审查和认定，用以决定的是证据的可信度。[④] 基于此，我们可以将作为证据筛选要求的符合证据能力规则和作为证据评价要求的合乎

---

① ［英］威廉·特文宁：《证据：跨学科的科目》，王进喜译，载何家弘主编：《证据学论坛》第 13 卷，法律出版社 2007 年版，第 268 页。

② ［美］迈克尔·D. 贝勒斯：《法律的原则——一个规范的分析》，张文显、宋金娜、朱卫国、黄文艺译，中国大百科全书出版社 1996 年版，第 64 页。

③ 封利强：《司法证明过程论——以系统科学为视角》，法律出版社 2012 年版，第 352 页。

④ 何家弘：《证据的采纳和采信——从"两个证据规定"的语言问题说起》，载《法学研究》2011 年第 3 期，第 147–150 页。

可采性规则合称为关于证据采纳的规则，将具备证据能力和可采性基础上的可采性优化规则称为关于证据采信的规则。

在可采性优化规则的适用过程中，还涉及什么是相互矛盾的证据、证据矛盾的判断标准是什么、什么样的矛盾会导致证据链断裂、是否一切矛盾都不能被接受、什么样的矛盾是可以被接纳的等问题，这些问题将在第五章关于反印证消除规则的阐释中进行较为深入的剖析。

第三节　最低数量规则

刑事证据印证规则或刑事证据链规则不仅注重证据之质量，亦关注证据之数量。如果说可采性优化规则是对形成证据链的证据的质量要求，最低数量规则则是对形成证据链的证据的正向数量要求，也是对单项证据之证明力的限制规则。但此处所称"单项""数量"的计算方式不同于直观意义上的证据数量计算方式。什么情况下的证据是孤证，是否全案只有一个证据才属于孤证的情形，有多个证据的情况下是否也可能出现孤证不能定案的情况，以及为什么类似的刑事案件在我国无法定罪但在域外却可以定罪……诸如此类的问题，将是本节要解决的重点问题。

一、最低数量规则的基本内涵

最低数量规则指的是形成证据链的证据不得少于两项。一方面，不允许以单一证据认定案件事实是避免刑罚权滥用的必然要求，也是司法实践的经验总结，另一方面，从融贯论的视角来看，当证据数量达到两项以上时，则可能形成逻辑一致的证明体系。比如，甲飞车枪夺乙的钱包，乙被拉拽中头部撞击锐器，经抢救无效死亡，警方调取路面监控录像发现为甲作案，之后警方在甲居所的垃圾桶内搜出了有乙身份证的钱包。在甲拒不认罪、乙无法提供被害陈述又无目击证人的情况下，该案只有作案过程的监控视频、在甲居所搜出的被害人钱包两项证据，两项证据的证明力强且能相互印证，可以认定甲抢夺致人死亡而构成抢劫罪。

　　不允许以单一证据认定案件事实即不允许孤证定案，因此，最低数量规则也可称为孤证不得定案规则。孤证不得定案规则作为刑事证据印证规则的子规则，不是用于限制单一证据的证据资格，而是用于限制单一证据的证明力。① 孤证的证明力大小无法获得来自其他证据的担保和肯定，因此不能凭借此类证据认定被告人有罪。刑事诉讼法第 55 条是我国刑事立法中关于孤证不能定案的规定，但也仅是规定被告人供述这一类型的孤证，立法并未解决什么是孤证这一问题。有学者认为，孤证是与印证相对的概念，② 但用印证来界定孤证这种方式依然无法确定区分孤证与印证的标准在哪里，或者界定证据数量的标准是什么。

　　结合前面的论述，证据链以争点为导向，每个案件都有一个或多个争点。如果一个案件只有一项证据，不管该案件有几个争点，由于没有其他证据与该证据所包含的信息相印证，这个证据是孤证。如果一个案件有多项证据，但这些证据分别指向不同的待证事实且各自包含的证据信息不存在交叉、重合的情形，③ 这些互不印证的证据也被认定为孤证。④ 如果一个案件中的多项证据具有共同的证据来源，也视为只有一项证据，亦属于孤证的情形。⑤ 换言之，对属于同一来

---

① 张可：《论电子数据的孤证禁止规则：一个初步的探讨》，载《中国刑事法杂志》2020 年第 1 期，第 70–72 页。

② 向燕：《"印证"证明与事实认定——以印证规则与程序机制的互动结构为视角》，载《政法论坛》2017 年第 6 期，第 18–19 页。

③ 即分别证明案件事实的某一片段。

④ 陈瑞华：《论证据相互印证规则》，载《法商研究》2012 年第 1 期，第 115–116 页。

⑤ 杜文静：《"孤证不能定案"的逻辑证成》，载《学术研究》2017 年第 11 期，第 40 页。

源的若干证据，其证据数量的确定不受时间、地点、出示方式、出示主体的影响。譬如，同一诉讼主体在不同诉讼阶段、不同诉讼场所提供的言词证据，无论内容是否反复都计为一项证据，即使多次内容一致也不构成相互印证。因此，被追诉人、被害人、同一证人在侦查阶段、一审程序、二审程序、审判监督程序中提供的内容相同或不同的口供、被害人陈述、证言均计为一项证据。不得以口供的前后一致或多次一致主张一致的口供有较强的证明力，被害人陈述、普通证人证言亦然。再如，对于控诉证据中有作案工具勘验笔录的案件，控方提交法庭的勘验笔录、控方在法庭上出示的作案工具、庭审中控方宣读勘验笔录并论证该物件为案件作案工具、负责勘验的两个侦查人员和勘验见证人出庭陈述并接受交叉询问等只能计为一项证据。质言之，只要案件的任一争点仅有一项证据证明，对该争点而言，该证据即为孤证。最低数量规则实质上是要求案件事实的任一争点都有至少两项在关键细节上相互印证的证据证明。在计算证据数量时，应注意证据数量不因时间、空间、出示方式、出示主体的变化而变化。

以上是孤证的三种情形。其中，第三种涉及独立来源规则，将在第五章的第一节中展开论述。我们认为，直观意义上的证据数量不同于刑事印证规则要求中的证据数量。基于证据之间相互印证的立场，在看起来有多个证据的情况下，证据数量有两个计算标准，一种是以证据来源为标准，另一种是以争点或证明对象为标准。对于前者而言，同一来源的若干证据视为一项证据，对于后者而言，虽然来源不同，但证据信息无重合，分别对不同的争点或证明对象有证明作用，各证据之间不存在相互印证的关系，对于任意一个争点或证明对象来说，都只有一个证据。

二、最低数量规则的合理性论证

最低数量规则的合理性论证实质上就是孤证不能定案规则的正

当性证成。

主张孤证定案者的主要依据在于：首先，孤证不能定案带着单纯追求证据数量的意味，抹杀了单个证据具有高度的证明力的可能性。其次，孤证不能定案只是一项经验法则，而不是一项法律规则，立法中尚无孤证不得定案的明文规定。最后，对于一些隐蔽空间中发生的、很难有目击证人的犯罪行为，通常只有行为人和行为对象二者所作的相互对立的言词证据。如强奸案中犯罪嫌疑人和受害人持相反的事实主张且控方尚未搜集到其他证据，从惩罚犯罪和保障实体真实的价值目标出发，在这种情况下不允许孤证定案的话，极可能放纵潜在的犯罪嫌疑人，损害实质正义。

对于第一个观点，笔者认为，孤证不能定案规则即最低数量规则，是刑事证据印证规则的子规则之一。刑事证据印证规则对证据的质与量都提出了具体要求，表现为不同的子规则，其中，最低数量规则主要是规范和调整证据链中证据的量，但最低数量规则实质上也对证据的质提出了要求，例如，同一来源的若干证据只能记为一项证据，本质上是要求证据获得不同来源的其他证据的印证，即该证据的证明力获得不同来源的其他证据的担保。另外，刑事证据印证规则中的其他子规则，如可采性优化规则等都是对证据链上的证据的质的要求。因此，最低数量规则并不意味着刑事证据印证规则单纯追求证据数量而忽视证据质量，也不意味着在证据数量和定案标准之间画上等号，符合证据数量要求是达到定案标准的必要不充分条件。

对于第二个观点，笔者认为，孤证不能定案是一项源远流长的经验法则，在法定证据制度时代就有萌芽。随着域外越来越多国家规定了口供补强规则、我国刑诉法在第 55 条中增加了口供补强的规定，以及我国刑诉法和相关司法解释中关于印证的多个条文的规定，孤证不能定案的内在要求在越来越多的国家已经通过口供补强规则等上升为法律规则，在我国也通过刑事证据印证规则、口供补强规则而成为法律规则的一部分，对举证方、质证方和认证方都具有法律约束力。孤证不能定案的规则的适用范围已经突破早期口供的限制，而扩大为对所有用于定罪的实质证据的要求。①

对于第三个观点，笔者认为，对于隐蔽空间中发生的只有犯罪嫌疑人和行为对象两个主体各执一词的证言这种孤证情形，两份言词证据均无其他证据印证，其证明力存疑，其所证明的案件事实存疑，在这种情况下依孤证定罪有违疑罪从无的刑事诉讼立法精神。在司法实践中，绝对意义上的只有直接证据这种孤证的情况是很难出现的，② 直接证据只是证据海洋的冰山一角，而汪洋大海中散布着大量等待被发现和搜集的间接证据，侦查人员充分发挥想象力和主观能动性有望发掘出更多间接证据。只有在更多证据浮出水面，这些证据与现有的直接证据之间形成完整的证据链条时才能认定犯罪，否则只能依据无罪推定原则，以疑罪从无定案。③ 在没有穷尽现实可能性，充分发掘更多证据的情况下，贸然定案将产生极大的错判风险。有些证据可能已经毁损灭失，或者由于当前搜集证据的技术条件有限而无法获取，在这种情况下如果穷尽法律认可的证据搜集手段所获得的证据仍然达不到确实、充分、排除合理怀疑的程度，则疑罪从无。即使审理者内心认为被告人有相当大的犯罪可能性，出于定罪后果的严重性和刑事诉讼的谦抑性考量，仍不得认定被告人有罪。

从程序正义的价值指向来看，要求孤证不能定案在改善司法实践中过分依赖口供、将口供视为证据之王的倾向，④ 减少刑讯逼供现象，避免刑事追诉权的滥用，保障被告人的人权，防止审理者在孤证证明力无担保而存疑的情况下恣意裁判从而防止刑事冤案生成等颇

---

① 李训虎：《证明力规则检讨》，载《法学研究》2010 年第 2 期，第 160-161 页。

② 阮堂辉、王晖：《“孤证”或证据"一对一"的困境及其出路破解》，载《湖北社会科学》2008 年第 5 期，第 145 页；施陈继：《论孤证不能定案之瑕》，载《东南法学》2017 年第 1 期，第 198 页。

③ 杜文静：《"孤证不能定案"的逻辑证成》，载《学术研究》2017 年第 11 期，第 41 页。

④ 口供具有展示作案过程的力量，不管是我国，还是域外法治程度较高的国家，虽然经过了长时间的努力，但都难以摆脱口供依赖。见朱奎彬：《权利话语遮蔽下美国刑事司法的口供依赖》，载《四川大学学报》2007 年第 6 期，第 117-119 页。

有助益。①

从待证事实的多样性与案件事实的论证完整性来看，除了待证的程序法事实、证据法事实之外，还有待证的实体法事实，涉及用于证明诉讼程序合法的证据，用于证明主要证据可信性的证据，以及用于证明被告人身份、犯罪动机、犯罪时间、犯罪地点、犯罪手段、犯罪后果等实体法事实的证据。最终认定案件事实的证据须是多样性证据，以提高法律事实的说服力和降低法律事实的出错概率。② 三种孤证的情形都无法围绕这些待证事实构筑起完整的证据链，自然不得以该孤证定案。

从证据数量与证明效果的关系来看，通常情况下，用于支持同一待证事实的证据越多，则该待证事实的印证结构越严密，证据链条越完整，该待证事实的证明程度越高。③ 用证据来探索案件真相的过程就如同盲人摸象的过程，就像每个人各自触摸、感知到的只是大象身体的一部分一样，只有少数证据的情况下只能看到部分事实，当证据越多时就好比盲人触摸、感知到大象身体更多部分，对事实的认知将更接近事实真相。如图 4-1、图 4-2、图 4-3 所示。④ 在只有单项证据的情况下，该证据对待证事实的证明是单一的、孤立的、缺乏证明的传导性的，待证事实成立与否处于摇摆不定的状态，即真伪不明，此时认定案件事实很容易出现误判。随着证据数量的增加，我们的信念将朝着更坚定或者更不坚定的方向变化，在这个过程中，我们获得

---

① 施陈继：《论孤证不能定案之瑕》，载《东南法学》2017 年第 1 期，第 200 页；杜文静：《"孤证不能定案"的逻辑证成》，载《学术研究》2017 年第 11 期，第 40 页。

② 有学者提出多样性证据的概念，旨在说明用于证明犯罪事实的有罪证据群应该来自各自独立的信息源并能从不同侧面证明犯罪事实。见杜文静：《"孤证不能定案"的逻辑证成》，载《学术研究》2017 年第 11 期，第 44 页。

③ 栗峥：《印证的证明原理与理论塑造》，载《中国法学》2019 年第 1 期，第 266 页。

④ 在图 4-1、图 4-2、图 4-3 中，实心的原点表示证据，若干实心的原点形成的整体轮廓表示由若干证据产生对案件事实的整体认知程度。从图 4-1 到图 4-2 再到图 4-3，随着实心的原点数量的增加，案件事实的轮廓从抽象变得越来越清晰，从而能直观地展示证据数量与证明效果的关系。

的对待证事实的认识就愈加清晰，更接近事实真相。例如，在一起故意伤害案件中，目击证人甲陈述了案件发生经过，与甲互不相识的目击证人乙也陈述了案件发生经过，两个证人的证言完全吻合，且与受害人的陈述基本一致，在已经有甲的证言的情况下，增加乙的证言虽然不改变案件事实的判断结论，但是新的证言的加入使得对待证事实的判断有了更为坚实的证据基础，使审理者有理由相信待证事实的成立更有可能。又如，控方提交的用于指控被告人犯罪的证据之间相互印证，审理者已经基本形成了关于案件事实的判断结论，在控辩双方的举证即将结束时，被告人当庭翻供并自曝此前遭遇刑讯逼供，法庭要求控方调取讯问被告人的同步录音录像，经调取发现讯问被告人时录音录像设备"正好坏了"，而在这个讯问进行之前和之后的时间里，设备正常运作。审理者结合司法解释作出不利于控方的推定，即无法排除刑讯逼供的可能性，这将动摇审理者此前对案件事实的初步判断，但也使得通过审查证据获得的法律事实更接近客观真相。①

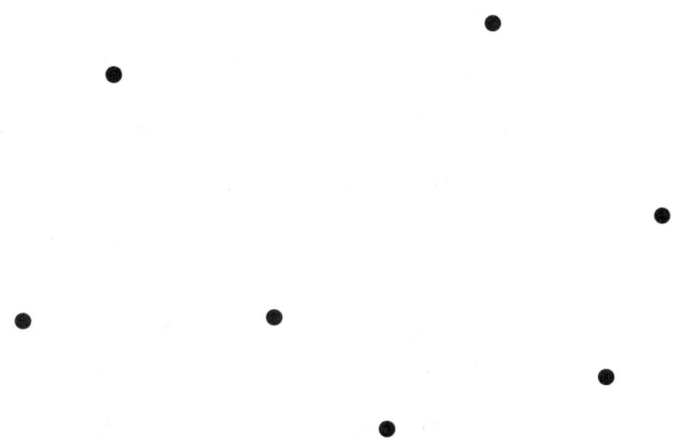

图 4-1　证据不多时的对案件事实的认识

---

① 李昌盛：《证据确实充分等于排除合理怀疑吗？》，载《国家检察官学院学报》2020 年第 2 期，第 111-112 页。

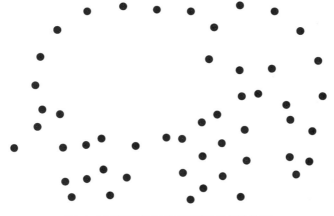

图 4-2 证据增多时的对案件事实的认识

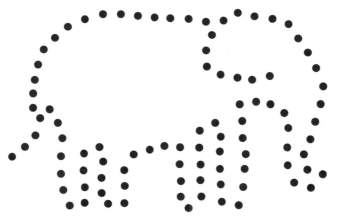

图 4-3 证据足够多时的对案件事实的认识

三、比较法视野中的孤证不能定案

不同法域的法律文化由于受到来自传统习俗、宗教信仰、经济水平、科技发展程度、法律政策的目标等诸多因素的影响，对于同一事件可能作出不同的法律评价。公平正义是抽象而普适的概念，人们在评判某一事件是否合乎公平正义的价值追求时有着基本一致的立场。

因此，在具有共性的价值取向影响下，不同法域在评判同一问题时不至于出现截然对立的两个结论。然而，当我们把视线投向中外的一些判决书时会发现，在我国被认为因孤证而无法定罪的某些案件，在域外，审理者则有可能对其作出有罪认定。① 我们不得不去思考是印证和自由心证的不同导致了判决差异吗？如果不是的话，那导致这一差异的原因是什么？

我国与两大法系的主要代表性国家在对证据的外延、证据的相关性的理解上是存在差异的。我国在研究和讨论相关性理论时通常只承认主要证据与案件事实的相关性，而忽视辅助证据与案件事实的间接相关性，由此导致我国刑事立法和司法所讨论的证据仅指可以直接证明或者间接推论出要件事实的主要证据，而不包括用于证明主要证据可信性的辅助证据。② 这从刑事判决书的内容上可见一斑，在刑事判决书中所列举的定案根据中，鲜有出现辅助证据的身影。而一些域外国家的法律规定的证据类型既包括主要证据，也包括辅助证据。这就导致在面对只有一个证明价值较大的直接证据及与之相应的辅助证据的刑事案件和有一个直接证据及其辅助证据、有若干间接证据印证直接证据中的部分证据信息时，我国的审理者往往认为这些案件的全部或者部分要件事实未获得证据印证，属于孤证不能定案的情形，一些域外国家的审理者则在形成内心确信后认定被告人有罪。例如，用于证明证人的品格、感官能力等的材料，在美国一些州的判例法中被确认为是虽然不能证明犯罪过程但能够增强证言可信度的证据，而我国则认为这些材料不符合印证的要求，无法印证主要证据，这类案件是孤证案件。③ 这种对证据的外延、证据

---

① 龙宗智：《印证与自由心证——我国刑事诉讼证明模式》，载《法学研究》2004 年第 2 期，第 110 页。

② 向燕：《"印证"证明与事实认定——以印证规则与程序机制的互动结构为视角》，载《政法论坛》2017 年第 6 期，第 18 页。

③ 向燕：《"印证"证明与事实认定——以印证规则与程序机制的互动结构为视角》，载《政法论坛》2017 年第 6 期，第 18 页。

的相关性的理解的差异和中西方刑事诉讼认识论的差异息息相关，我国刑事诉讼追求客观真实的理念使得国内学界和实务界更多人主张伴随案件发生而保留的带着案件痕迹的实质证据才是与案件相关的证据，西方刑事诉讼强调定案事实的高度盖然性，因而允许运用或然性的情理和证人品格等辅助证据。[①]

四、孤证概念的反思与重构

史学研究领域常言孤证不引，这一理念被引入司法证明领域中，就产生了孤证不立、孤证不能定案的理论。[②] 我国法律文本中没有界定何为孤证，对孤证的界定主要来自理论研究成果。通常认为，孤证是指在案件的关键事实上只存在一个证据，换言之，孤证是指关键事实没有印证证据的证明状态。[③] 学术界很少有以孤证为研究对象者，[④] 当前这种对孤证的初步的概念界定仍具有模糊性。何为关键事实、一个证据中的"一个"是指直观层面上的一个还是指证据来源等层面的一个等问题尚未达成共识。结合前文的论述，笔者认为，孤证指的是在案件的犯罪构成要件事实上只存在一个证据，孤证既可以指孤证证明状态，也可以指孤证证明状态下的证据。当孤证被用来形容证明状态时，孤证和印证是一对相互对立的范畴，[⑤] 而当孤证指的是孤证证明状态下的证据时，与孤证相对应的则是印证证据。为了更准确地认识孤证，我们具体需要从以下几个层面入手。

---

① 周洪波：《刑事庭审实质化视野中的印证证明》，载《当代法学》2018 年第 4 期，第 38-39 页。

② 施陈继：《论孤证不能定案之瑕》，载《东南法学》2017 年第 1 期，第 198 页。

③ 阮堂辉、王晖：《"孤证"或证据"一对一"的困境及其出路破解》，载《湖北社会科学》2008 年第 5 期，第 145 页；杜文静：《"孤证不能定案"的逻辑生成》，载《学术研究》2017 年第 11 期，第 40 页；吕卫华：《诉讼认识、证明与真实——以刑事诉讼为主要研究对象》，中国人民公安大学出版社 2002 年版，第 271 页。

④ 施陈继：《论孤证不能定案之瑕》，载《东南法学》2017 年第 1 期，第 202 页。

⑤ 栗峥：《印证的证明原理与理论塑造》，载《中国法学》2019 年第 1 期，第 267 页。

首先，孤证包括绝对的孤证和相对的孤证。[①] 绝对的孤证是指，对于全案事实而言，只有一个证据，再无别的证据，这个证据的证据信息覆盖了构成要件事实之全部。[②] 此即对应着前文所述的孤证的第一种情形。相对的孤证是指，从直观层面来看用于证明案件事实的证据数量大于一，但部分构成要件事实要么只有一个证据证明而没有其他证据相印象，要么有相互矛盾的两个以上证据证明但无法形成证据间的印证关系，要么有两个以上证据证明但这些证据由于具有同一来源而无法相互印证。此即对应着前文所述的孤证的第二种和第三种情形。

其次，在犯罪构成要件事实是否成立的争议下，孤证证明的讨论才具有意义。也就是说，孤证不能定案是对构成要件事实的证明要求。对于程序法事实、证据法事实的证明只要不存在相互矛盾的证据，且证据对程序法事实、证据法事实的证明达到优势证明标准，就可以认定程序法事实、证据法事实成立。换言之，程序法事实、证据法事实可以依孤证定案。这是由证明标准的层次性决定的，最低数量规则即孤证不能定案规则的适用范围仅限于要达到排除合理怀疑证明程度的证明对象。

最后，对孤证的界定还涉及什么是证据的问题，即证据的外延问题。证据既包括与实体法事实直接相关的主要证据，又包括用来证明主要证据的可信性这一证据法事实而与实体法事实间接相关的辅助证据。孤证意味着用于证明某一构成要件事实的证据只有一个，孤证是一种主要证据，既没有用来佐证这一主要证据可信性、担保这一主要证据的证明力的辅助证据，也不存在印证这一主要证据的其他主

[①] 李崇涛：《仅凭"孤证"能否认定案件事实》，载《人民检察》2018 年第 20 期，第 47-48 页。

[②] 绝对孤证强调直观意义上只有一个可见的证据。在绝对孤证的情况下，唯一的证据是需要覆盖全部构成要件事实的，如果这个证据只是覆盖部分构成要件事实，那么，其他未被覆盖的构成要件事实则无证据证明而不是获得孤证的证明。

要证据。我们认为，与某一主要证据相对应的辅助证据和该辅助证据的证据来源不同，但在证明方向上是一致的，主要证据和辅助证据相互印证共同指向同一待证事实，二者一起产生的证明效力大于主要证据单独的证明力。主要证据与辅助证据可以通过形成证据链以证明待证事实成立。与主要证据相印证的证据，可以是其他主要证据，也可以是证明该主要证据可信性的辅助证据。在认识论上并不一定需要通过主要证据的印证来判断言词证据的真实性，很多时候可以借助证人品格、证人情态等辅助证据判断证人的诚实程度，来担保或削弱该证言的可信度。① 我国立法未区分主要证据和辅助证据，我国证据法学理论和刑事司法实践视野中的证据通常指的是主要证据，辅助证据常常不在定案根据的讨论范畴中，② 正因为如此，对于有辅助证据与证明全案事实的单个主要证据相印证的案件，我国司法工作人员极可能主张孤证不能定案而不提起公诉，或者即使提起公诉也会因证据不足而认定无罪，而域外的审理者则在形成内心确信后作出有罪判决。有学者将类案在中外不同判的情况归因于印证与自由心证的差异，③ 通过前文的论证我们可以发现这一差异更深层次的原因是对证据外延的不同解读，或者说是对证据的相关性和证明对象外延的不同理解。

综上所述，印证或者证据链的价值在于通过证据之间相互支持来担保和提升单个证据的可信性。通过证据组成形成的认知的信念明显大于孤立无援的单个证据的分量。孤证与印证或者证据链相对立。孤证是指对于同一待证事实，只有一个证据证明，找不到其他主要证据或相关辅助证据而无法形成证据链，或者虽有多个证据证明

---

① 周洪波：《刑事庭审实质化视野中的印证证明》，载《当代法学》2018 年第 4 期，第 40 页。

② 周洪波：《刑事庭审实质化视野中的印证证明》，载《当代法学》2018 年第 4 期，第 38 页。

③ 龙宗智：《印证与自由心证——我国刑事诉讼证明模式》，载《法学研究》2004 年第 2 期，第 109 页。

但多个证据具有共同来源，或者这些证据的证据信息相互独立，不存在内容和方向上的一致性，最终导致现有证据缺乏最终确定案件事实的价值，法官无法认定控方指控的犯罪事实成立，无法认定被告人有罪。①

---

① 杜文静：《"孤证不能定案"的逻辑证成》，载《学术研究》2017 年第 11 期，第 45 页。

第五章　刑事证据印证规则的微观构造

刑事证据印证规则的微观构造面向的是刑事证据印证基本规则，是指刑事证据在合乎宏观结构的规则要求之后形成闭合、稳定的证据链条应当满足的进阶要求，是刑事证据印证规则的核心和主干。在逻辑学中，内部证成是论证的结论及其直接支持前提所构成的证成，外部证成是对支持结论之前提所作的证成。[①] 刑事证据印证规则的宏观结构属于外部证成子规则，而刑事证据印证规则的微观构造属于内部证成子规则。从刑事证据印证规则的微观构造来看，通常适用以下规则。

第一节　独立来源规则

证据链上的证据在证据来源上是否必须彼此独立，证据来源独立对证明力的衡量产生什么样的影响，证据来源与证据数量存在何种关联，部分证据在证据来源上相互独立而部分证据在证据来源上存在依赖、混同，此时这些证据是否可能被同时放在同一条证据链上等，诸如此类的问题，可以通过探究独立来源规则来找到答案。

---

① 熊明辉：《诉讼论证——诉讼博弈的逻辑分析》，中国政法大学出版社 2010 年版，第161 页。

一、独立来源规则的基本内涵

独立来源规则要求指向同一争点的证据原则上应当具有独立的信息来源，信息来源不同的证据相互印证，为各自的证明力提供了担保，也增强了案件事实的可信性。一方面，具有同一来源的证据之间由于信息的"一脉相承""同根同源"，往往能在形式上相互印证，信息来源的同一性导致同一来源的证据之间的形式印证本质上是单一证据自我印证的悖论。换言之，同一来源的证据可视为一项证据，需要与具有独立来源的其他证据相互印证才能证立或证伪待证事实。例如，根据被告人的供述寻找到作案工具，作案工具的特征、存放地点等信息必然能和被告人供述相一致，在作案工具的可靠性未获得其他独立来源的证据支持的情况下，被告人供述和根据其供述获取的作案工具只能视为一项证据。又如，证人描述了其所见所闻，并出示了其在案发当时用手机录制的与其陈述相一致的视频资料，此时视频资料与证人证言的内容一致且来源相同，视频资料是对证人证言的复制，二者本质上属于同一个证据，不能认为该视频资料与证人证言相互印证。另一方面，作为信息来源的源头证据同由源头证据提供的线索获取的下游证据和源头证据的派生证据之间的关系，[①] 如同河流的干流和支流的关系，当河流的水源受污染时，各支流的水质也会受此波及，当源头证据的真实性、合法性存疑时，下游证据和派生证据的可靠性也随之"一损俱损"。例如，通过刑讯逼供无辜被告人获取虚假口供，之后根据该口供找到"同案犯"和"作案工具"，也获得了"同案犯"供述，此时，尽管不同供述之间、供述与作案工具之间形成形式印证，但作为源头证据的被告人供述不具有真实性、合法性，作为下游证据的共犯供述和作案工具也不具有可靠性。因

---

① 本书所称的下游证据是指与源头证据相对应的、根据源头证据提供的线索获取的证据。

此，形成证据链的证据不少于两项，确切来说是要求构成证据链的证据集合应当涉及至少两个独立的证据来源，使得同一案件事实可以获得来自不同信息来源证据的验证。①

二、独立来源的理论渊源和证明效力

早在 18 世纪，贝卡利亚在其论著中就提到了证据的独立来源对司法证明的影响。倘若同一条证据链上的证据在来源上是相互独立的，某一项证据的瑕疵或无效不会波及其他证据。这种独立来源的证据越多，对待证事实的证明就越充分。反之，倘若同一条证据链上的证据在来源上混同或者源于同一证据，下游证据的证据资格和证明力就受制于源头证据的证据资格和证明力，当源头证据存在瑕疵或归于无效时，下游证据也不能幸免。此类证据越多，对待证事实的证明就越不充分。② 贝氏关于证据来源的影响的论断相当精辟，对于我们理解证据之间的内部关联、判断全案证据的综合证明力具有重要意义。

21 世纪初期，在瓦格纳等人提出的锚定叙事理论中，强调不同指控要素的锚点应当相互独立。他认为，对犯罪不同要素的指控如果都是完全依靠同一证据，那么这个证据所对应的假设是不可靠的，需要有其他独立证据提供独立的锚点。他举了一个例子，对于单个证人的证言，需要提供其他形式的印证，也就是说与之印证的信息要来自其他独立来源，而且不能受这位证人的影响。就像我们无法单凭某一个事实而相信一个人，我们也不能允许使用同一项常识假设来锚定一个案件的不同事实。③

---

①　陈瑞华：《论证据相互印证规则》，载《法商研究》2012 年第 1 期，第 123 页。

②　[意] 切萨雷·贝卡利亚：《论犯罪与刑罚》，黄风译，中国法制出版社 2002 年版，第 21 页。

③　[荷] 威廉·A. 瓦格纳、[荷] 彼得·J. 范科本、[荷] 汉斯·F. M. 克罗博格：《锚定叙事理论——刑事证据心理学》，中国政法大学出版社 2019 年版，第 297-298 页。

三、审查证据来源的核心理念与若干维度

之所以要审查证据来源、最大限度确保证据来源的独立性，其内在考量或者核心理念在于判断证据在来源上是否受到污染、影响，或者是否依附于其他证据，该证据是否有独立的证明价值。证据来源混同时，单个证据的可靠性难以得到保证。如果一项证据的来源可能受到污染或者具有依附性，它的证明价值就会被大打折扣。例如，共犯的口供由于来源很可能受污染，共犯之间容易相互推诿或者形成利益同盟。因此，共犯的口供作为印证证据的价值极低。只有相互印证的共犯口供而无其他证据证明被追诉人有罪时，不能据此认定指控犯罪成立。①

可以从以下几个维度来开展证据来源的审查活动。

其一，可靠性审查。② 本书所称证据来源的可靠性指的是证据具有法律意义上的可靠性，而不必然是客观层面上的可靠性。它强调的是从提出证据的主体、证据的形成和搜集程序等维度来考察证据的程序正当性。法律意义上的可靠的证据所反映的案件事实可能与客观真相一致，也可能与客观真相有出入。但客观真相无法被百分之百还原，司法制度的相对合理性在于，在信息不完全的困顿中，它在兼顾和平衡公正、效率等价值的同时设置一定的规则来还原案件事实。印证正是在这种信息不完全状态下的判定综合证明力、得出案件事实结论的证据规则。一方面，我们无法确保证据完全可靠。如果有办法识别哪些证据是完全可靠的，哪些证言是绝对可信的，那么完全可以仅依据这种完全可靠的证据来认定事实，也就不用印证、推定等理

---

① 陈光中、郑曦：《论刑事诉讼中的证据裁判原则——兼谈〈刑事诉讼法〉修改中的若干问题》，载《法学》2011 年第 9 期，第 10 页。

② 薛爱昌：《为作为证明方法的"印证"辩护》，载《法学研究》2018 年第 6 期，第 32~33 页。

论支撑了。另一方面，不可靠的证据无证据资格，不得作为定案根据。譬如，无鉴定资质的机构出具的鉴定意见，精神病人在发病期间所作的陈述，[①] 通过刑讯获得的供述，[②] 诸如此类的证据材料都会被排除在定案根据之外。

其二，独立性程度审查。[③] 同一条证据链上的证据在来源上应当相对独立，这包含两层含义。一方面，对于同一争点而言，作为证明手段的证据之来源不得完全混同。譬如，若干个二手或者二手以上的传来证据之间即使相互印证，这种印证的效力也是极其微弱的，[④] 甚至如果其中一环出错，这种错误就会通过形式印证被系统性放大，可能导致虚假印证的生成。又如，证人之间存在串证的可能性，这种串证可能是有意为之，也可能因为是朝夕相处的家人、日常接触的好友等而无意间相互透露案情，此时，证言之间的印证对待证事实的证明作用微乎其微。另一方面，对于同一争点而言，作为证明手段的证据之来源不必完全独立。要求同一证据链上的证据在来源上各自独立则有吹毛求疵之嫌，不符合现实。司法资源是有限的，无论通过采取什么手段都无法确保个案中的所有证人自案发开始不发生相互影响。即使证人之间有串证嫌疑，但通过举证可以排除这种嫌疑或者可以确信证言是证人对所见所闻的独立判断的结果，就可以视为该证据来源独立。如果对证据来源独立性施以过多苛责，就会导致实践中很多证明力强且对定案有重要影响的证言不被采纳，这就大大提升了追诉犯罪的难度，也可能使得一定数量的行为人免于刑事责难，这于受害人而言是一种二次伤害。统而言之，同一条证据链上的证据在来

---

① 详见我国《刑事诉讼法》第 62 条第 2 款。

② 详见我国《刑事诉讼法》第 56 条第 1 款。

③ 薛爱昌：《为作为证明方法的"印证"辩护》，载《法学研究》2018 年第 6 期，第 32 页。

④ 例如，证人甲陈述其感知的事实，并说是从乙那儿听到的，而证人乙也陈述其所感知的事实，且说了是从丙那儿听到的。证人甲和乙都未曾亲身感知案件事实，二人的证言都是传来证据。

源上如果不能相对独立，那么据此得出的结论为真的可能性将大打折扣。

其三，全面性审查。[1] 这强调法官在审查证据来源时还要考察证据来源是否多样化。一方面，证据来源的全面或者多样并不要求穷尽一切证据。对于某一争点而言，相关证据只要达到法定的证明程度即可。譬如，有相当多的目击证人陈述一致，为了保证诉讼进程，法庭不必让所有目击证人出庭作证。这是诉讼经济原则的要求和体现。另外一方面，法官需要对仅有一方提供证据或者证据种类单一的情况保持警惕和审慎。一般而言，法官在审查证据时，既要关注控诉证据，又要关注辩护证据，既要有言词证据，又要有实物证据。法庭调查环节只有控诉证据而没有辩护证据时，法官不得轻易作出有罪判决。

四、独立来源的限度和独立来源同证据数量的关系

独立来源规则是一种证明力评价规则而不是证据能力限制规则。独立来源规则并不是要求全案证据之间在证据来源上彼此独立，而是强调证据来源的相对独立性，从而提示裁判者来源混同会减损印证效果。要求证据的来源完全相互独立，既不现实也不必要。在评价两个彼此交互验证的证据的证明力大小时，需要考量这两个证据的来源是否彼此独立以及独立的程度大小。如果两个证据的来源不同，那么两个吻合的证据的可信度更高，反之，如果两个证据来自同一机关或者同一人，那么这两个证据相互印证的可信度就大打折扣，据此认定案件事实的出错可能性更高。在刑事诉讼中，同一主体有充分的动机让与其相关的证据看起来更融贯，因此，出自同一来源的看起来相互印证的证据之间是存在虚假印证的可能性的。例如，侦查机关制

---

[1] 薛爱昌：《为作为证明方法的"印证"辩护》，载《法学研究》2018 年第 6 期，第 33 页。

作的口供笔录和现场勘验笔录等高度一致，就不由令人产生由供到证或者由证到供的过程中是否存在伪造证据的嫌疑。对出自同一来源的看起来相印证的证据材料的真实性的质疑，构成合理怀疑。[①]

如果一个刑事案件有多个同源的有罪证据，不能单独依靠同源的有罪证据来构建证据链。在最低数量规则中，我们已经论述了同一主体作出的不同证据，如一个证人的多次证言，或者一个被告人的多次供述，或者共同作案人的不同供述，均属于孤证，不能单独组成证据链。因为它们属于同源证据，在证据的来源上是同一的。之所以做此要求，主要是考虑到同一证人对案情的多次陈述均由同一主体作出，难以保证这些陈述的真实性。在没有其他来源的证据予以印证的情况下，再多同源证据的综合效力也是有限的，难以达到充分的证明程度。综上所述，笔者认为若干同源证据的组合亦属于孤证。[②]

独立来源规则并不是禁止同源证据出现在证据链上，也不是彻底否定同源证据的证明价值，只是强调同源证据的证明价值的有限性。在有同源证据的情况下，只要指向同一争点的证据存在至少两个独立的信息源，亦可以形成完整的证据锁链。本来在来源上各自独立的证据由于共同指向同一争点而联系在一起。于争点而言，这种联系就产生了印证效果。孤证不能定案中的案，既指整个案件事实，也指任一具体的争点。对于任一争点来说，如果只有一个证据可以证明它，则无法认定该待证事实成立。

第二节　综合效力规则

在审查证据链上的证据的来源独立性之后，适用刑事证据印证规则还需要解决进一步产生的问题，例如什么是刑事证据印证的综

---

① 栗峥：《印证的证明原理与理论塑造》，载《中国法学》2019 年第 1 期，第 272 页。
② 杜文静：《"孤证不能定案"的逻辑证成》，载《学术研究》2017 年第 11 期，第 40 页。

合效力，综合效力是如何生成的，综合效力有哪些评价准则和评价方法，综合效力是否是各个证据所包含的证明待证事实成立之可能性，即待证事实成立之概率的简单叠加，以及不同证据集合是如何影响综合效力的判断等问题。综合效力规则就是用于回应以上这些问题。

一、综合效力规则的基本内涵

综合效力规则是指用于评价相互印证的证据形成的证据集合的综合效力的规则，也就是用于评价单个证据链的综合效力，以及进而评价全案证据链的综合效力的规则。综合效力是指证据链条上证据的综合证明力，也有学者形象地称之为证明合力。[①] 由于不同来源的证据为同一待证事实提供证明，每当增加一个支持性证据时，证据链上的证据形成的证明合力就会增大一些，最终，证据链的综合效力大于证据链上任意一个证据的证明力。[②]

如前所述，刑事证据印证规则受证明标准规则的引导，刑事证据印证系统或者完整稳定的证据链应符合法定证明标准，综合效力规则要求作为定案根据的证据链上的证据，其综合证明力应达到排除合理怀疑的证明标准。证据综合效力的判断并不是无迹可寻的。在定罪程序中，证据综合效力的判断以犯罪构成要件为中心，对指向每一争点的证据形成的证据链的证明力是否达到排除合理怀疑的程度进行考察。随后，对所有证据之集合的证明合力有无达到足以排除合理怀疑的程度进行考察。法官评价综合证明力需要借助于其他证明力规则、逻辑规则和经验法则。

对于某一证据链上的证据而言，如果证据内含信息与争点越接

[①] 本书有时称为综合效力，有时称为综合证明力或者证明合力，除了书中个别地方有特别指明外，三者都指向同一东西，可以相互替代使用。

[②] 李建明：《刑事证据相互印证的合理性与合理限度》，载《法学研究》2005 年第 6 期，第 24 页。

近，连接证据与争点之间推论的强度就越高，证据相关性也就越大，则单个证据的证明力越强，相互印证的证据综合效力也越大。某一证据链条综合效力越大，证据链集合的综合效力也越大。如果证据链条上的证据都相关性小、证明力弱，即使这类证据数量再多，证据链也难以达到排除合理怀疑的证明标准。例如，在一起故意杀人案中，受害人邻居称案发前几日曾看见被告人出现在被害人家门口，被告人邻居称被告人是个行事冲动的人，还有被告人邻居称被告人有过虐猫行为、有暴力倾向，这些证据与待证事实的相关性弱，不足以确认被告人是否实施杀人行为。因此，综合效力规则还隐含着证据质量的要求，即证据链上的证据不能是相关性小、证明力弱的非核心证据的堆砌，完整而稳定的证据锁链上应当有不少于一个相关性较大、证明价值较高的核心证据。

综合效力的判断还需要解决什么是合理怀疑的问题。前文已论述到用证据回溯案件事实时，难以避免证据失真现象的发生。当证据失真或者证据不足时，就会出现不同证据包含的证据信息存在冲突，或者某一证据信息仅有单一证据证明而无其他证据印证的情况，怀疑便由此而生。怀疑是否构成合理怀疑，取决于怀疑与待证事实的相关性大小以及怀疑的程度。一方面，如果怀疑与待证事实的相关性大，则此时的怀疑属于合理怀疑，如果怀疑与待证事实的相关性微弱或者无相关性，则不构成合理怀疑。例如，在一起盗窃案件中，关键细节皆有证据印证，被告人甲供认不讳，但甲在供述中提到自己在月朗星稀的夜晚潜入被害人乙房中，乙在陈述中提到自己房内的首饰在雨夜失窃，二人关于案发时是否下雨的陈述，从现有的言词证据来看是相互冲突的，但这项怀疑与案件事实无关，不构成合理怀疑。又如，在张氏叔侄冤案中，警方从被害人手指甲中提取到陌生人的DNA，经比对并不是张氏叔侄的DNA，强奸并杀人的行为会伴随着行为人和被害人的身体接触，照常理来看，被害人身上提取到的DNA应来自行为人，但被害人身上仅提取到陌生人的DNA而未提取到被告人的生物痕迹，这就构成合理怀疑。另一方面，怀疑有程度轻重之分，只有程度严重的怀疑才应该排除，程度轻微的怀疑是允许存在的。例如，在一起盗窃案件中，关键细节皆有证据印证，被告人甲供认不讳，但甲在供述中提到盗窃所得现金为5万元，乙的陈述中提到自己被盗现金5.5万元，尽管盗窃数额是5万还是5.5万是个疑点，但盗窃数额的出入不影响对被告人定罪结果，从两项言词证据的印证数额和有利于被告人的立场出发，盗窃数额产生的怀疑程度较轻，不是程度严重的合理怀疑，可以认定盗窃数额为5万元。因此，排除合理怀疑不等于没有怀疑，合理怀疑存在与否直接影响判决结果，合理怀疑必须有充分的理由和事实根据，[①] 是否构成合理怀疑取决于怀疑与待证事实的相关性大小以及怀疑的程度轻重。

二、综合效力的评价准则和评价方法

（一）综合效力的评价准则

综合效力的评价过程往往伴随着审理者的直觉和顿悟。这种直觉和顿悟，不是与生俱来的，而是经过岁月的沉淀，结合了审理者的办案经验、生活阅历、逻辑训练，内化为审理者在感知法律现象时自然而然生成的一种直观感觉和突然觉悟。有学者将这种直观感觉和突然觉悟称为证明思维。在司法证明过程中，审理者运用这种证明思维来实现从证据到事实的跨越。若干个看起来不太相关的中间事实结合在一起可能发生特殊反应而产生出乎意料的成效。因而，这一过程不是简单的证据数量和证明力叠加的量变过程。相反，它是一个证明思维作用下的展现系统的整体涌现性的过程。[②] 这种糅合了直观感

---

① 杨宇冠：《论死刑案件证明标准之完善——新〈刑事诉讼法〉实施问题思考》，载《清华法学》2012年第3期，第70页。

② 系统整体的性质不能用部分的性质来解释和说明。以系统论的观点来看，事实认定过程不是证据或者证明信息的简单加和，而是在证明主体、证明对象与证明手段之间的交互作用下以证明信息为基础而产生的一种涌现。

觉和突然觉悟的思维活动是审理者在认定事实时产生涌现效应的泉源。它体现了在认识事物过程中对事物的整体把握，这也正是整体主义认知模式较之于原子主义认知模式的优势所在。

哈耶克在其论著中肯定了直觉对法官作出司法裁量的重要影响。他认为，训练有素的直接感觉时常帮助法官源源不断地做出正确的论断，[①] 尽管直觉作用下的法官对案件事实的整体感知过程常常难以还原，法官也很难就其论断给出清晰透彻、无缝可乘、自圆其说的理由。[②] 顿悟不同于渐悟，不是渐进地修正错误并不断完善认识的过程，而是对事物整体认识的灵光一闪和瞬间觉悟。顿悟具有来自心理学上格式塔效应的支持。该理论认为，事物的整体具有部分所不具有的特性，整体不是部分的简单加和，对事物产生整体认知和意识就意味着一个新的完形的生成，这就是顿悟。[③] 法官将从证据中获取的信息组合成一个彼此相属的整体，就是在构造格式塔。法官的结论不是来自某一部分信息，而是来自对紧密联系的各部分信息的整体把握。达马斯卡在其著述中揭示了在证据和定案事实之间有一种跨越式的断层。他认为法官的判决是直觉的低语、冲动的意志、本能的情感共同作用的产物。[④]

在司法证明中，证明思维与证明推理共同配合，相得益彰。就综合效力的评价过程而言，需要同时借助经验、直觉、逻辑、推理。在直接证明中建立直接证据与证明客体间的联系的是经验和直觉。[⑤] 而在间接证明中搭建间接证据和证明客体间的联系的则是逻辑和推

①　［英］哈耶克：《法律、立法与自由》，邓正来、张守东、李静冰译，中国大百科全书出版社 2000 年版，第 183 页。

②　这正是英美学者所认为的心有知而理不明的审理者认知状态。见 ［美］米尔吉安·R.达马斯卡：《漂移的证据法》，李学军等译，中国政法大学出版社 2003 年版，第 57-58 页。

③　陈琦、刘儒德主编：《当代教育心理学》，北京师范大学出版社 1997 年版，第 157 页。

④　［美］米尔吉安·R.达马斯卡：《漂移的证据法》，李学军等译，中国政法大学出版社 2003 年版，第 57-58 页。

⑤　证明思维往往受到证据组合方式的制约。

理。[1] 这两类证明思维并非截然对立、泾渭分明，二者在司法证明中往往是相互融合的。

（二）综合效力的评价方法

全案证据综合效力的判断、案件事实的认定和裁判结果的得出主要涉及以下几个步骤。这是一个适用三段论来进行演绎推理的过程。首先，根据现有的证据材料对案件事实作出初步认定。随后，进行外部证成，结合初步认定的案件事实来挑选出最为吻合的法律规则，这一环节需要审理者的目光和思维在规范与事实之间往返流转。在这个过程中，审理者可能还需要解决如何理解法律，难以找到可供适用的法律规范之时法律漏洞如何修补，以及出现法条竞合或者想象竞合等情形时如何选择出最佳适用的法律规范等问题。最后，进行内部证成，根据形成涵摄关系的大前提和小前提进行演绎推理并得出法律结论。不同法系、法域对特定行为的法律规范或许不同，但在一些基本问题上的认识是共通的。例如，都奉行证据裁判原则，皆认可法律证成离不开法律推理，法律推理既需要应用逻辑学的技术支持，也需要以对法律概念、法律原则的熟练把握为基础，法律推理不仅适用于法官的说理论证过程，还体现在双方当事人的说服活动中。[2]

概括而言，综合效力的评价需要围绕以下三个方面展开。

其一，完整性分析。完整性分析即分析案件事实的各个要素是否都有证据证明，考察证据对各个证明对象的覆盖程度。不管案件事实是否复杂、多样，但是各种案件事实都是由七大基本事实要素构成，

---

① 李树真：《精细化司法证明中逻辑与经验基本问题研究》，中国社会科学出版社 2012 年版，第 130 页。

② 王鸿貌：《论当代西方法学中的法律推理》，载《法律科学. 西北政法学院学报》1995 年第 5 期，第 93 页。

即何事、何时、何地、何故、如何实施犯罪、何人、何物。[①] 故在整体分析中可围绕七个基本要素，分析全案证据能否推论出整体事实，证据集合内部的证据与证据之间联系是否紧密，证据链是否完整，是否合乎逻辑和经验。具体表现为对通过证据能力和可采性检验并筛选出来的潜在定案根据进行比较，全面考察各证据所包含的证据信息有无矛盾，要件事实是否都得到印证。对存在矛盾者，需要考虑矛盾能否被合理解释，或者能否引入新的证据来消除矛盾，从而进一步过滤出案件的定案证据。随后，通过综合分析，查明用以证明事实的证据是否齐全、认定的事实是否都有证据证明，全案证据与整体性事实之间是否关联、是否充分，证据集合对整体性事实的支持与证明程度如何。在这个过程之中，不能孤立地评判单项证据的证明力，而应当将该证据的证明力评价过程寓于该证据与证据集合、该证据与案件事实的关系考量过程之中。通过上述分析，发现个体证据与个别事实、整体证据与全部事实之间存在问题，然后查遗补缺，或者重新组合论证，直至得出确定的结论。

其二，协调性分析。协调性分析是检验全案证据与整体事实是否协调一致。既然是证据与事实内容上的对应性，两者内容上必须一致和匹配，如果证据证明的内容与认定的案件事实内容不一致，综合证据证明的内容大于或者小于案件事实，又或者认定的案件事实大于或者小于证据证明的内容，显然证据与事实没有匹配性和一致性。证据与事实的匹配性与一致性都是就局部而言的，就案件整体来看，对应性表现出完整闭合性的特点，即认定犯罪的构成要件的证据在数量上须充分，在质量上须确实，在内容上须全面。当然案件证据有时处于动态之中并不必然恒定，在一定条件可能出现新证据，也可能出现某些证据因失去证据能力而被排除于证据之外的情况，因此应该

---

① 学者何家弘等将此犯罪构成要件事实概括为 7w，分别为 what matter（何事）、when（何时）、where（何地）、why（何故）、how（如何实施犯罪）、which（何人）、what thing（何物）。见何家弘、刘品新：《证据法学》，法律出版社 2011 年版，第 209-213 页。

尽可能地考虑证据集合能否承担认定事实的结构与功能。证据证明内容的完整性是证据顺利实现证明功能的基本保障，证明内容残缺不全将难以发挥证据最佳的证明效果。对证据进行排列组合的过程中不得不思量证据组合结构是否与说理对象对事实的认知结构相一致，证据组合结构中的证据与联结点之间、不同联结点之间是否条分缕析。整个证据组合是否稳固，是否自然，是否和谐，就好像是一个整体一样。要求证据与事实相协调，就是在对各证据要素提出更高的标准，证据之间完美匹配才能够实现对外整体证明作用。协调不仅是要求证据与事实的形式上一致，更是要求二者实质上一致，方可体现出证明结论的一致性特征。

其三，结论唯一性分析。在对全案证据进行整体性和协调性分析后，还应当就全案证据进行综合分析。综合分析时不仅要从证据质与量的角度，查看证据是否达到确实、充分，还应当从主观心理角度判断是否已经排除一切合理怀疑得出唯一结论。凡是通过这种分析，能够得出被告人构成犯罪唯一结论的，应当认定被告人有罪；凡是案件证据与事实存在的矛盾和怀疑无法排除的，也无法推导出唯一结论的，应当遵守疑罪从无原则，宣告被告人无罪。

三、不同证据集合影响下的综合效力判断

根据证据集合的不同，大致可以将综合效力判断分为两种类型。其一，为最通常的状态，证据集合中有多个证据。其二，是一种特殊形态，证据集合中证据不多，严格按照证据规则难以定案，但出现了关键性证据，让综合证明力产生突变而达到证明标准，依据经验法则有相当大、压倒性的犯罪可能性而予以认定犯罪事实。

（一）证据集合综合效力判断的常见形态

证明力是一个矢量概念，正如物理学上力对物体的作用力有方

向和大小之分，证据对证明待证事实成立的作用力亦有方向和大小之分。[①] 从证明力的大小来看，证据包含的证据信息如果能覆盖待证事实内容中的大部分或者全部，则该证据与待证事实的相关性强，该证据对于该待证事实而言证明力大，如果证据包含的证据信息仅覆盖待证事实内容中的小部分，则该证据与待证事实的相关性弱，该证据对于该待证事实而言证明力小。从证明力的方向来看，当若干证据相印证且能认定待证事实成立时存在这样一个针对该待证事实的证明合力，这个证明合力就是用于证明待证事实的证据集合产生的综合证明力。由于直接证据能单独反映案件事实，因此，直接证据是直接指向待证事实的，直接证据的方向与能认定待证事实成立的证明合力的方向是一致的。而间接证据无法单独反映案件事实全貌，而需要与其他间接证据相结合，间接证据无法直接指向待证事实，因此，间接证据的方向与能认定待证事实成立的证明合力的方向之间存在一个夹角，与直接证据的方向之间也存在一个夹角。

为了更直观地理解作为矢量的证明力，我们绘制了图5-1。在图5-1中，矢量 E 代表能最终认定待证事实成立的证据集合的证明合力。矢量 $E1$、$E2$ 与 E 之间存在一个夹角，矢量 $E3$ 与 E 方向相同。矢量 $E1$、$E2$ 分别代表证明待证事实的两个间接证据的证明力，矢量 $E3$ 代表证明待证事实的一个直接证据的证明力。

由于不同证据的证明力存在方向上的差异，不同证据的证明合

---

① 有学者主张把数理中的矢量概念引入证据法学研究领域，矢量兼具方向和数量两种属性，证明力也是同时具有方向性、强度两种属性的矢量。只是通常人们在理解证明力时只注意到证据价值的分量这一维度，而忽视了证据的方向性。肯定性证据和否定性证据的方向截然不同。直接证据和间接证据的方向也有所差异，主要表现为直接证据直接指向待证事实，而间接证据经由中间事实为中转的媒介而最终证明待证事实。见刘昊阳：《诉讼证明科学》，中国人民大学出版社2007年版，第175页；王甬：《案件事实推理论》，中国政法大学出版社2013年版，第164页。

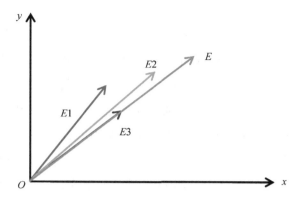

图 5-1　矢量概念中的证据证明力图解①

力的计算不同于标量的叠加，易言之，不同证据的证明合力并非证明力绝对值的叠加，而是两个矢量之和。矢量相加可以适用平行四边形法则，② 如图 5-2 所示。

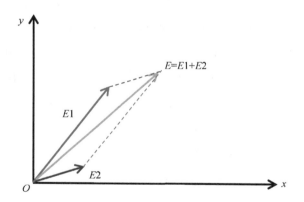

图 5-2　运用平行四边形定则计算两个证据证明力之和图解

---

① 在本节的图表中，为行文方便，用矢量 E1、E2、E3、E4、E5 分别表示证据 1 的证明力、证据 2 的证明力、证据 3 的证明力、证据 4 的证明力、证据 5 的证明力。图中代表各个证据的矢量的长度和方向只是一种大致描述，在司法实践中，一个证据的证明力的方向和大小是无法用刻度尺来机械衡量的，借用矢量概念来绘制图是为了帮助我们更好地理解和分析证据链的综合效力问题，在随后的图 5-1、图 5-3、图 5-4、图 5-5、图 5-6、图 5-7、图 5-8、图 5-9 亦如此。

② 根据该法则，以两个矢量为相邻的两条边绘制平行四边形，则对角线对应的矢量即为两个矢量之和。

由于矢量是可以平移的，将其中一个矢量平移到平行的对边上，则两个矢量首尾相连，如图 5-3 所示，此时三角形的另一条边与平行四边形的对角线重合，因此，矢量相加也可以适用与平行四边形定则等效的且相对简化的三角形定则。

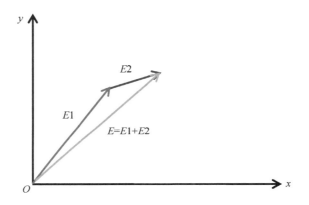

图 5-3　运用三角形定则计算两个证据证明力之和图解

根据三角形定则，两个矢量首尾相接时得到的一个新的矢量就是两个矢量之和，以此类推，多个矢量之和就是多个矢量首尾相接后所得的新的矢量，同一证据链上的多个证据的证明力叠加产生的证明合力如图 5-4 所示。

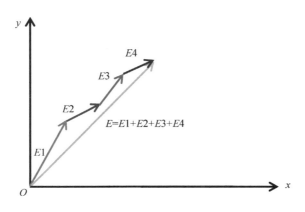

图 5-4　证据链的综合证明力图解

在力学中，施加于一个物体的作用力与物体移动的方向不完全一致时，对该作用力进行分解，其中一个分力垂直于物体移动，另一个分力与物体移动方向完全一致，前者又称为力臂，后者又称为力矩。力矩是矢量，它决定了物体移动的效果。同理，证明合力也存在力臂和力矩，证明合力的力矩是对待证事实的证明而言真正产生意义的那一部分。在图5-5和图5-6中，E 是证据1、证据2、证据3、证据4的证明合力，E' 是证明合力 E 的力矩。对于案件事实的证明而言，当全案证据的证明合力的力矩达到或者超过证明标准时，案件达到了排除合理怀疑的程度，可以认定犯罪事实成立，如图5-5所示。反之，如果全案证据的证明合力的力矩小于证明标准时，全案事实无法排除合理怀疑，指控的罪行不成立，如图5-6所示。

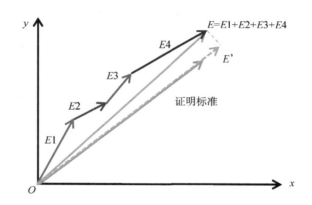

图5-5　依据全案证据认定案件事实无法排除合理怀疑图解

证据载体本身不具有价值，证据因所承载的信息而获得意义，因此，证据的内含信息的印证程度越高，则证明力越强。在理想状态下，证据链上相互印证的证据包含的信息完全重合，或者一项证据包含的全部证据信息分别与其他证据包含的证据信息相印证。但现实状况下，由于实物证据收集、保管、运输过程中可能出现损耗而导致部分失真，提供言词证据的证人也可能因视力差异、观察方位不同，甚至记忆力强弱等个体差异出现证人证言内容不完全重合，或者证

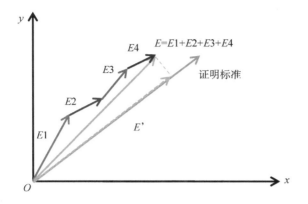

图 5-6 综合证明力达到排除合理怀疑程度图解

人证言与其他证据之间存在出入的现象。因此，大多数刑事案件的印证都属于非完全重合的部分印证。在这种情况下，确定印证的合理限度，确保通过证据印证获得的法律事实无限接近客观事实就尤为重要。① 从兼顾公正和效率的立场出发，如果相互印证的证据不仅在关键细节上，还在非关键细节上都获得印证，则这些证据的综合证明力就达到极高的程度，但如果始终无法在非关键细节上获得印证，也不必穷尽司法资源去寻求非关键细节的印证。从司法规律来看，所有证据信息完全一致，尤其是非关键信息也完全一致，反而存在非法取得证据、伪造证据以制造虚假印证的可能性。一言以蔽之，同一证据链条上的证据不必达到对所有细节都一一印证的程度，只要确保不同证据具有共同指向性且在关键细节上可以相互印证，则可以认定案件事实。

（二）含有关键证据的证据集合的综合效力判断形态

如前所述，就印证的质量而言，如若案件之关键信息和细节信息甚至隐蔽性信息有两个以上证据相互印证，据此认定的案件事实为真的概率则显著增加。如若只是案件之边缘信息或者次要信息得到

---

① 樊崇义：《刑事诉讼法学方法论》，中国人民公安大学出版社 2020 年版，第 38 页。

证据印证,[①] 即使印证边缘信息或者次要信息的证据数量众多,据此认定案件事实也是失当的,法官应当对此保持谨慎态度。[②] 包含案件之关键信息的证据是该案的关键证据。隐蔽性证据就属于关键证据的一种具体形态。其包含的案件信息很难为行为人以外的人所知悉。倘若存在隐蔽性证据且能与其他证据相互印证,就会在相当大程度上提升审理者对这些证据所指向的待证事实的确信程度。

在一些情形下,证据集合中的证据不多,严格按照证据规则难以定案。如图 5-7 所示,证据 1、证据 2、证据 3 形成的证明合力中实际产生证明效果的部分是 Ea',而 Ea' 远远小于证明标准对综合证明力的要求。此时,一旦出现了关键证据 4,四个证据的证明合力直线提升,如图 5-8 所示,证明合力的力矩也就是实际产生证明效果的部分是 Eb' 达到且超过证明标准对综合证明力的要求,在这种情况下,就能认定犯罪事实成立。

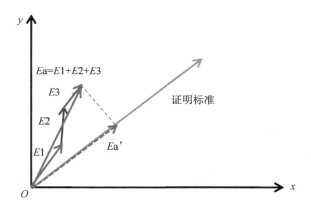

图 5-7 缺少关键证据时的证明合力图解

通常来看,控方对指控事实的证明程度随着诉讼证明进程的深入呈稳步上升趋势。伴随着新情况的出现,证据集合的证明合力可能

---

① 此处边缘信息、次要信息指的是对定罪量刑影响不大的案件相关情节。
② 薛爱昌:《为作为证明方法的"印证"辩护》,载《法学研究》2018 年第 6 期,第 33-34 页。

138

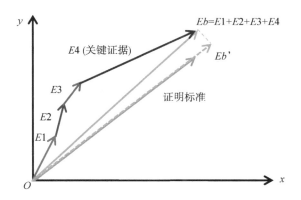

图5-8 出现关键证据时的证明合力图解

呈现出两种截然相反的格局。一种情形是，新的具有关键性的控诉证据的出现将带来综合效力的陡然提升。另一种情形是，一旦控方的某项关键证据被排除，或者辩方提出了一项关键的无罪证据，证据链条可能就此断裂，证据集合的综合效力锐减，形成断崖式下降的局面，甚至可能清零。[①] 一个关键证人被拒绝出庭或关键证据被拒绝出示，会导致证明效果发生突变，导致案件判决逆转。如图5-9所示，有关键证据和没有关键证据的两种情况的证明合力差异是极其明显的。

在犯罪构成要件事实中，哪些属于必须获得两个或者两个证据印证的关键事实，哪些属于有证据证明即可的非关键事实，这是存在争议的。[②] 通常认为，必须被锚定的叙事的关键部分主要涉及犯罪人的身份、犯罪行为、犯罪意图。[③] 并非用于证明关键事实的证据就是关键证据，一个证据材料是否是关键证据常常取决于其特殊程度，而这需要借助经验法则进行判断。一个证据材料依据经验法则

---

① 封利强：《司法证明过程论——以系统科学为视角》，法律出版社2012年版，第339-345页。

② 王宇坤：《口供印证的类型化研究》，载《浙江工商大学学报》2020年第1期，第143-144页；向燕：《论口供补强规则的展开及适用》，载《比较法研究》2016年第6期，第28-48页。

③ ［荷］威廉·A. 瓦格纳、［荷］彼得·J. 范科本、［荷］汉斯·F. M. 克罗博格：《锚定叙事理论——刑事证据心理学》，中国政法大学出版社2019年版，第295-297页。

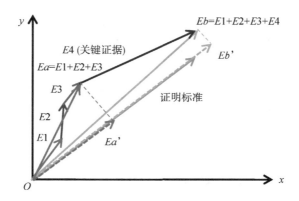

图 5-9　有无关键证据情况下的证明合力对比图解

足以认定犯罪事实成立的话，该证据材料就是该案的关键证据。例如在一起个人的银行储蓄款被盗案件中，犯罪嫌疑人是受害人的邻居，犯罪嫌疑人声称自己不是故意实施盗窃，而是在自助取款机上随意试试密码，随意输入的密码正好是真实的密码，在这种情况下没能克服到手的金钱的诱惑而取走了十万元现金。警方调取的自助取款机上的监控显示，嫌疑人插入银行卡到机子上再到他从自助取款机取出现金前后只是很短的时间，嫌疑人确实只输入了一次密码就打开了银行卡的使用权限。在这个案例中，银行卡密码共计六位数，每位数都有 0 到 9 共十种可能性，依据概率相乘理论，六位密码同时输入正确的概率为 $1/10^6$，即一次即对的概率是一百万分之一，这个概率微乎其微，因此，从经验法则来看，一次即对几乎是不可能的事情，犯罪嫌疑人说自己不是故意盗窃他人财物的可能性近乎为零。

四、综合效力判断禁忌——简单的概率叠加

正如本节在绘图过程中特别说明的那样，那些图中代表各个证据的矢量的长度和方向只是一种大致描述，在司法实践中，一个证据

的证明力的方向和大小是无法用刻度尺来机械衡量的，借用矢量概念来绘制图是为了帮助我们更好地理解和分析证据链的综合效力问题。企图以概率方法的叠加来准确计算证据链的综合效力的想法不符合司法认知规律。21 世纪以来，少数学者在证明力评价中引入了贝叶斯定理。我们认为，证据的分量的判断，并不能像用秤给物品称重一样给出每一个物品的质量，通过贝叶斯理论以精确化的公式来衡量证据证明力是不可行的。

概率方法的应用受到很多主客观条件的限制。在司法证明中引入贝叶斯定理的前置条件是保证信息处于完整、充分的开放状态，可以无一例外地为审理者所用。如前所述，司法证明是一种不完全信息状态下的推理活动，它受到时空等多重客观因素的限制。贝叶斯定理为我们提供了用新证据来更新案件事实或然性的理论，但并不能妥善解答该怎样设定一个可靠的先验概率的问题。这一理论由于技术性强，很难在短时间内为非专业人士熟练掌握，[①] 想在司法实践中推广开来更是阻碍重重。现实案情瞬息万变、层出不穷，仅以一个统一适用的既定公式来计算是违反司法证明规律的。同时，过于冗杂的公式不仅可能让司法人员束手无策，也会让司法证明和民众渐行渐远，一旦被误用将引发灾难性后果。除此之外，用行为人的犯罪概率来作为是否作出有罪判决的标准，无论是用 90%、95% 还是 99% 都有欠妥当，难以为一般民众所信服。以概率论作为定案标准有重蹈法定证据主义覆辙之嫌，反映的是原子主义的思维进路，而欠缺整体主义层面的把握，会泯灭以法官主观能动性为根基的司法证明的整体涌现效应。以排除合理怀疑为准则，将事实认定的权限交给法官裁量，是比概率计算更为明智的选择。在前文中，我们已经论证了在证据和定案事实之间有一种跨越式的断层，这种思维的跳跃无法通过原子主义

---

① 例如，心理学家丹尼尔·卡尔曼和艾莫斯·特弗斯基在长期的研究中发现，在审判过程中，大部分人不能正确估计所涉及的概率问题。见刘昊阳：《诉讼证明科学》，中国人民大学出版社 2007 年版，第 151 页。

视角下的概率的累积来精确刻画。

任何试图将证明过程机械化的努力都注定会遭遇与法定证据制度类似的命运。20 世纪 50 年代，美国决策理论大师赫伯特. 西蒙曾经指出："社会科学已经习惯寻找自然科学中最炫目的模型……但是，这不是唯一的科学模式，而且对于我们的目标来说，可能并不适合。"① 波斯纳认为贝叶斯理论的价值在于启发和引导证据法学研究迈向精细化阶段。② 评价证明力是裁判者的职责，概率方法终究不能代替人脑的整体性判断。③

刑事证据印证系统或者刑事证据链条并非主要指证据的简单堆积，而是一张以证据为结、以证明思维为纽带编织成的信念网络，通常命题形式表现出来。④ 刑事证据印证系统的证据组合的方式体现的是证据之间内在的、质与量的有机联系。证据数量的多少与证据充分程度并不必然相关，只有当证据所包含的信息形成完整的体系，即证据集合形成完整的证据链而产生出整体功能、表现出整体性时方能说证据达到了充分的程度。刑事证据印证系统通过整合证据与证据间的关系，形成证据整体的综合效力。⑤ 易言之，证据是证据链的基本构成单位，但证据链不是一定数量证据的简单聚合。不同证据之间不是彼此疏离的，而是以组合形式紧密结合在一起。

① ［波］维托德·瓦斯尼基：《知识、创新和经济———一种演化论的探索》，仲继银、胡春译，江西教育出版社 1999 年版，第 4 页。

② ［美］罗纳德·艾伦、［美］理查德·库恩斯、［美］埃莉诺·斯威夫特：《证据法：文本、问题和案例（第 3 版）》，张保生等译，高等教育出版社 2006 年版，第 136 页。

③ 封利强：《司法证明过程论———以系统科学为视角》，法律出版社 2012 年版，第 327-328 页。

④ 王舸：《案件事实推理论》，中国政法大学出版社 2013 年版，第 107 页。

⑤ 薛献斌：《证据组合论》，中国检察出版社 2008 年版，第 387-401 页。

第三节 反印证消除规则

综合效力规则解决的是如何判断印证已经达到排除合理怀疑的程度的问题，反印证消除规则要解决的则是如果出现合理怀疑应当如何补救的问题。

一、反印证消除规则的基本内涵

综合判断控诉证据和辩护证据，一旦发现合理怀疑就会导致证据链断裂，此即反印证现象。反印证可能出现于控诉证据之间，也可能出现在内容相矛盾的控诉证据与辩护证据之间。反印证消除规则指的是，证据之间出现反印证现象时，需要通过新的证据形成印证来消除合理怀疑。在定罪程序中，如果控方无法提供新的证据来消除合理怀疑，则疑罪从无。前述张氏叔侄冤案中，控方要证明张氏叔侄实施犯罪行为，还应当提供证明 DNA 鉴定意见无效、不可靠的证据来与其他有罪证据相印证。近年来披露的不少冤案中都有忽视辩方合理的抗辩理由、忽视无罪证据、忽视合理怀疑的情况。因此，反印证消除规则要求法庭不仅要关注控诉证据，更要关注辩护证据，指向同一待证事实的证据所反映的情况有所出入，法庭对其存在合理怀疑的，应通过新的印证证据消除合理怀疑，如不能以新的证据消除合理怀疑，则不能认定被告人有罪。

二、合理怀疑的理论展开

合理怀疑既涉及证据链条是否合乎经验理性的问题，也涉及不同证据之间的证据信息差异问题。

（一）合理怀疑的内涵

如何区分怀疑是否具有合理性是裁判者无法回避的问题。合理怀疑即具有合理性的怀疑，也就是有证据根据或者有逻辑和经验的支持的可论证的怀疑。[①] 合理怀疑不能是无中生有的、主观臆想的，也不能是草率的、带有偏见或者哀矜之情的。[②] 合理怀疑的判断常常与去除不合理怀疑而形成内心确信的过程相生相伴。[③] 对某一个特定案件来说，证明主体就证据和事实提出的有根据的质疑才是可靠的、合理的怀疑。此外，合理怀疑应当足以动摇事实确认，能够影响案件事实的认定的怀疑。但是由于认识局限性和证据收集的有限性，全案证据及其所包含的事实信息很难达到毫无疑点的程度。只有会影响定罪量刑的事实认定的疑点才是合理怀疑。那些无法撼动定罪量刑的事实认定结果的疑点就只是微不足道的怀疑。[④]

事实认定中的合理怀疑，包括是否正确、是否全面、是否符合逻辑等。合理怀疑是具有实质性的、基于对全案证据的逻辑推理和审慎解释而形成的怀疑。案件中一旦产生怀疑，就要通过反思确定疑点的类型、性质，以及疑点的结构、成分等，最终排除疑点，修正谬误，推翻不适当的判断，使最终决定更加可靠。质疑过程是检验案件中呈现出来的合理怀疑，而不是胡乱猜疑，要通过质疑去伪存真，使各种显性和隐形的定案疑点浮出水面，从而根据疑点的不同情况作出不同的处理，使各种疑难复杂案件迎刃而解。

对证据与事实的质疑，必须按照排除合理怀疑的要求，达到主观上没有合理怀疑的程度。同时，排除合理怀疑还提出了发现疑点和排

[①] 王舸：《案件事实推理论》，中国政法大学出版社 2013 年版，第 240-241 页。
[②] 卞建林：《刑事证明理论》，中国人民公安大学出版社 2004 年版，第 239-240 页。
[③] 王舸：《案件事实推理论》，中国政法大学出版社 2013 年版，第 248-249 页。
[④] 肖沛权：《论排除合理怀疑证明标准的司法适用》，载《法律适用》2015 年第 9 期，第 104-108 页。

疑的方法。① 不仅正面上要求内心确信，在反面上也要求找出影响事实认定的合理怀疑加以排除，力图发现证明中的各个环节的疑点并对其进行消除性检验。质疑也正是利用正反两方面并行的证据判断，对案件事实进行深层次的再次检验，克服证实偏差，显然具有防范和纠正错案的隐形价值。② 排除合理怀疑采用的是证伪主义的证明方式，即必须在作案空间、作案工具、作案对象、作案经过等方面确定被告人作案无疑，并排除其他人作案的可能性。

（二）发现合理怀疑的方法

排除合理怀疑需要充足的证据，即使大量证据之间相互印证，也要排除合理怀疑，裁判者主观上确信不存在其他动摇事实认定结果的可能性后才能形成完整的证据链。实践中除了用证据方式排除合理怀疑外，逻辑推理、经验判断等方式也是合理怀疑排除的主要方式。但是逻辑推理、经验判断实际也是通过对证据与事实的反思、论证，排除其中矛盾的证据与事实，或者排除影响证据链形成的疑点，或者排除影响事实成立的合理怀疑。因此，归根结底，质疑是以排除合理怀疑的方式，使证据证明达到令人信服的程度。

质疑不是简单的不同意、反对或否定，质疑本身是一种论证。它为裁判者提供重新评价论证的机会与功能，不仅要对每一个事实与证据再次进行反思性论证，从中发现、提出疑点，还要在反思中对疑点进行论证、解释疑点，达到否定之否定的效果。质疑既是对既成事实认定论证的检测，又要使论证在反思中不断前进，使案件认识逼近真理。

质疑中反思更多地关注事实认定的论证结构、方法、类型等方面，以怀疑论证的准确性、清晰性、相关性、充分性等内容衡量论证

---

① 龙宗智：《中国法语境中的"排除合理怀疑"》，载《中外法学》2012年第6期，第13页。

② 纵博：《"排除合理怀疑"适用效果的实证研究——以〈刑事诉讼法〉修改前后共40件案件为样本》，载《法学家》2018年第3期，第30-47页。

的好坏，从而检视案件事实论证的科学性和正确性，从中识别出论证的谬误。质疑过程既是思维分散过程，也是思维"聚合"过程。具体思维过程：首先通过分散性思维发现各个质疑对象的问题和疑点，质疑"为什么"，以了解问题的症结所在；然后将发现的疑点和论据聚合；最终从不同视角反思、论证，并合理地作出判断，尽可能通过理性论证构造一个合理有效的解决方案，选择出有证据基础的最佳解释。质疑要求审理者在认定案件事实时，能够带着批判和挑剔的眼光去审视初步认定的事实。在质疑的过程中，通过反思证据的关联性程度、初步认定的事实是否逻辑自洽等来不断修正事实认定。

质疑是根据合理理由产生疑点，即合理怀疑，质疑的态度就是合乎理性的态度，是根据理由论证的结果。但并非所有的疑点都是理性所依靠的，质疑不仅适用于对直觉、经验、常识的判断，还必须是客观的、可靠的论证结果。对某个疑点的论证需要本着追求事实真相的态度进行，这样才能通过可靠的、充足的理由反思它、论证它。只有经过合理论证的疑点才能得知真假。因此，论证是支持某个疑点的理由，是合理性的载体和实现质疑的途径。质疑是对事实和证据的合理性的检验，也是对相关论证的检验。然而要实现质疑需要构造和判断好论证，对论证的好坏的评价包括逻辑的、辩证的和修辞的三个标准。在逻辑的层面上，评价论证是否合乎逻辑规范，是否存在有效的逻辑意义，以及考察论证的一致性。在辩证的层面，评价论证是否涉及争议问题和疑点，是否是公正的、批判的和综合的论证，强调论证过程得出的结论是否是目前证据支持的最好的结论。在修辞的层面上，评价论证是否能有效地说服特定的对象。基于此，质疑既要善于发现事实认定中隐含的前提和假设的疑点，又要通过论证检验其直接性、可靠性和公正性。因此，我们认为，质疑不仅仅是提出问题，而是包括两个层次，即设疑和排疑。设疑在于提出问题、疑点，排疑在于排除疑点。提出疑点的目的是排除疑点，而排除疑点就需要对疑点进行论证。

146

（三）怀疑的类型化分析

质疑证据内容的可信度，就是对证据涉及的人、事或物设疑，主要包括证明内容的可能性、合理性、一致性和细节性。[1] 从怀疑的内容来看，我们可以从常识性、直觉性、经验性、逻辑性和因果性等几个视角去找出疑点。从不同证据所包含的证据信息的差异来看，根据差异的重要性和合理程度可以区分一个怀疑是否为合理怀疑。

1. 按照怀疑的内容划分

以怀疑的内容为划分标准，怀疑可以分为逻辑性怀疑、因果性怀疑、常识性怀疑、直觉性怀疑、科学性怀疑。[2] 如图5-10所示。

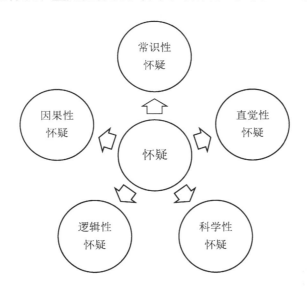

图5-10　按照内容的不同对怀疑进行类型化分解图

其中，逻辑性怀疑指的是在证明手段与证明对象之间，或者在初步认定的案件事实内部存在不符合逻辑规则的疑点。案件事实的推理论证过程需要经过逻辑规则的检验，法律论证的正当性是结论具

---

① 何家弘、刘品新：《证据法学》，法律出版社2011年版，第380-382页。

② 李世峰：《刑事案件事实认定过程研究——基于法官审判实践视角》，湘潭大学2019年博士学位论文，第146页。

有可信性的重要前提。法律论证中论证前提是否可靠、论证方法是否得当、论证过程是否周延都会影响结论的可信度。逻辑性怀疑既包括发现推论的前提不可靠，也包括发现论证方法不得当，还包括论证过程不周延而产生的证据与事实之间的逻辑错误。

因果性怀疑是指所采信的证据与所认定的案件事实之间因果关系存疑。因果关系在简单案件中可能表现为一因一果关系，但在刑事案件中更常表现为多因多果或多因一果关系。在缺乏直接证据的案件中，因果关系更容易存疑。

常识性怀疑是指证据与事实存在违背经验和常识的疑点，换言之，精神状况良好、思维能力正常的一般社会公众诉诸经验和常识来评判对证据和事实的判断是否合理，如果依照普遍性的经验和常识，该判断不容置疑，则不存在常识性怀疑，如果依照普遍性的经验和常识发现该判断有违常理，则表明该案件存在常识性怀疑。

直觉性怀疑是指未经有意识的推理论证的情况下凭借直觉而产生的对证据与事实的质疑，这是一种自觉性、本能性思维方式的体现。事实上，依据认知心理学的相关研究成果，人类在进行快速决策之时往往首先依据的是其本身的直觉。[①] 直觉思维不像论证那样具有严密的逻辑结构，它不需要受逻辑规则的束缚，但由于个体的直觉常常和个体的经验、知识等密切相关。因此，依据直觉思维来判断证据与事实之间有无合理的疑点，在很多情况下近乎等同于依据严密论证所得的答案，是相当接近于事实真相的。[②]

科学性怀疑是指从证据形成的科学性、证明手段的科学性上对证据、案件事实提出的质疑。例如，对警犬气味识别结果的质疑、对司法鉴定意见的质疑等，随着越来越多科学技术被运用到司法证明过程中，法庭科学规则作为一种证明手段也在逐渐萌芽、发展。审理

---

① 张雪纯：《刑事裁判形成机制研究》，中国法制出版社 2013 年版，第 96 页。
② ［美］斯科特·普劳斯：《决策与判断》，施俊琦、王星译，人民邮电出版社 2020 年版，第 95 页。

者不能仅依靠传统的知识和技能来审理案件，还需要依托科学技术和具有专门知识专家的辅助来提高证明质量。

不同类型的怀疑之间不是那么泾渭分明的，例如，常识性怀疑中可能涉及不同细节之间的因果关系判断，逻辑性怀疑和因果性怀疑在某些情况下是一致的。不同情节间的时序性可能体现为一种常识，也可以是因果关系或者直觉，科学性怀疑也是从一种因果关系的盖然性大小层面作出的判断。从怀疑的内容出发对怀疑进行划分的目的并非让审理者对其主张的存在合理怀疑的具体个案中的疑点进行明确的归类，而是在于引导刑事案件的审理者对案件事实的初步认定结果进行质疑，为审理者的排疑工作提供一种思路，以确保最终认定的案件事实达到排除合理怀疑的程度，提高司法裁判的可接受性和公众认可度。

2. 按照怀疑的性质划分

对于不同证据所包含的证据信息的差异，依据其影响程度，分为重要差异、次要差异。① 其中，重要差异是指证据信息的不同会影响具体某一案件定罪量刑的结果的差异。次要差异是一种可以忽略不计的差异，指的是虽然具体某一案件中的不同证据所携带的证据信息就某一细节而言存在出入，但不影响案件的定罪量刑结果。譬如，张三和李四二人相约前往王五家中盗窃财物，事先，张三和李四明确分工如下，张三负责在楼下望风，一有人员进出或异常就立即通知李四逃离，李四负责入户盗窃，二人依计划进行，后被警方捉拿归案，盗窃罪定罪的相关事实均有查证属实的证据证明，但在二人的分别供述中，张三说李四是凌晨两点十分爬进王五家中，李四说自己是凌晨一点五十分进入王五家中，二人关于作案时间的供述有差异但并不影响案件的处理结果，作案时间可以认定为凌晨两点前后，此种差异即为次要差异、可以忽略不计的差异。又如，在一起涉嫌强奸案件

---

① 张少林：《刑事印证初论》，载《国家检察官学院学报》2007 年第 2 期，第 134 页。

中，行为人王五主张不存在强奸事实，对受害人所实施的行为只能算是猥亵，受害人赵六坚持认为王五对其实施奸淫行为。在这一案件中，王五和赵六对犯罪行为的性质有重大分歧，这一争议将直接影响案件的定罪量刑结果，此差异属于重要差异。

对于不同证据所包含的证据信息的差异，根据其合理化程度，分为合理差异、非合理差异。其中，合理差异指的是由于客观原因导致的可以被理解和接受的差异。合理差异通常是由感知能力、记忆能力、空间距离、间隔时间长短、口头表达能力和书面表达准确度等因素导致的。① 例如，在一起某市广场上发生的持刀伤害案件中，行为人张三被警方捉拿归案，警方从行为人身上获取了作案工具，一柄沾着血渍的长形刀具。证人李四向法官描述了当时的见闻，他说当时他在广场上跳舞，张三持一柄长刀冲入舞蹈队伍中乱砍，伤到了他旁边的孙老头。王五说案发当时他坐在广场边缘的长椅上，看到一个人手持一把剑混入人群中乱砍，随后他吓得逃离现场。公诉机关提供的证人身份证件复印件、医院眼科的检查结果显示，证人李四 35 岁，双眼裸眼视力 5.0，证人王五 65 岁，双眼近视，二人听力正常。在两个目击证人的证词中，关于作案工具的陈述是有出入的，这一证据信息存在差异。证人李四距离行为人很近且视力良好，能清楚观察到行为人及其持作案工具伤人的作案过程，并且其关于作案工具的说法与公诉方提供的作案工具相一致。考虑到证人王五距离行为人张三较远，且视力状况不甚良好，其在难以看清且紧急的情况下可能会对作案工具产生错误感知。因此，王五的证词与李四的证词、公诉方提供的作案工具照片虽然有差异，但这种差异是合理的，不能因此认为王五提供虚假证词而排除其证言的证据资格。非合理差异指的是不能被理解和接受的差异，这种差异往往是由于人为因素造成的，通常涉及虚假证据。譬如，在前述张三涉嫌故意伤害罪的案件中，证人赵

① 张少林：《刑事印证初论》，载《国家检察官学院学报》2007 年第 2 期，第 133－134 页。

六说案发时，他看到张三持枪冲进人群，对天空打一枪后朝张三开了一枪。后经调查发现，案发时赵六在外地。赵六关于作案工具的陈述与李四、王五的证词以及公诉机关提供的作案工具之间存在极大差异，李四、王五也未提及案发时有枪声，听力正常的李四、王五如果听到则会如实陈述，这种差异是不合理的差异，赵六所作证词构成虚假陈述。

如果证据信息之间的差异是重要差异或者是不合理差异，则该案无法排除合理怀疑，裁判结果有利于被告人。如果证据信息之间的差异是次要差异、合理差异，则这种证据疑点不构成合理怀疑，不影响定罪量刑结果。

（四）合理怀疑的判断标准——排除合理怀疑 ≠ 排除一切合理怀疑

有观点认为，不同于民事诉讼那样有疑尚存亦不妨碍审理者做出裁判，因为法律允许审理者支持证据证明力更有优势一方，刑事诉讼应达到有疑必排的程度，否则审理者将做出对被告人有利的判决。笔者认为，排除合理怀疑不等于排除一切怀疑。包含排除合理怀疑在内的刑事法律规则是平衡人们对客观真相的终极追求和对过去事实的认识的局限性，平衡诉讼公正与诉讼效率后固定下来的具有相对合理性的解决纠纷的出路，要求刑事案件排除一切怀疑走向了一个极端，人为抬高了刑事证明标准，使得大量本应受到法律制裁的被追诉人逍遥法外，背离公平正义的价值期许。穷尽一切怀疑是一个无止境的工作，要求排除一切怀疑会导致大量的司法资源浪费在不必要排除的无关紧要的疑点上，致使司法资源配置的格局受破坏、法院的争议解决功能被大打折扣。

有些疑点是次要的、不影响定罪量刑结果的，有些疑点由于客观因素的存在而可以为人们所理解和接受的，这类疑点是不需要排除的。需要排除的合理怀疑是重要的、影响定罪量刑结果、无法通过解释被审理者理解和接受。

综合前述对怀疑的类型化分析，合理怀疑应当是基于逻辑、因果关系、常识、直觉、科学知识等考察证据链条上的证据之间、证据与事实之间的关系，考察初步认定的案件事实，所产生的不能被容许和接受的且对该案的定罪量刑结果产生影响的疑点。排疑不是追求证据之间表面的一致，也不追求全案证据没有任何疑点，要警惕为了印证而对排疑工作施以过度苛责的机械化适用。

三、反印证的诉讼后果和补救路径

质疑和排疑的过程都需要借助逻辑和经验的判断。质疑是方法，它的目标是为了达到排疑的效果。如果质疑中发现案件中存在合理怀疑，则需要通过经验法则、逻辑论证、引入新证据等方式排除合理怀疑。如果对质疑中发现的合理怀疑不排除，或者无法排除，显然案件证据没有达到排除合理怀疑的证明标准。

排疑是从疑到微疑，其过程需要一个转变，既可能是通过排疑解决疑点，达到内心确信，也可能排疑未尽，仍然属于存疑状态。因此，排疑后可能存在的三种状态，即肯定、否定和存疑。肯定状态是指排疑已尽，达到了排除合理怀疑的证明标准，当疑点排除后，对设疑的证据与事实作出肯定性评价，即确认设疑的证据与事实。具体思路为：当设疑的证据来源合法、内容可信，设疑的事实基于逻辑和经验，不存在矛盾或者已有矛盾得到合理解释，即可对设疑证据予以采信，对设疑的事实予以确认。否定状态是指排疑未尽，通过排疑工作，尽管排除了一些疑点，但是无法得出确认的事实。存疑状态是指部分排疑，虽然经过排疑，但是仍然存在疑点，设疑的问题介于似是而非之间，设疑的事实和证据仍然存在部分合理怀疑，无法作为裁判依据。因此，排疑过程实际无法回避排疑的程度问题。按照排除合理怀疑的证明标准理解，排疑只要使裁判者实现内心确信无疑的状态即可。因为，要给排疑画出明确的边界是非常困难的。西方学者按照道德确定标准依次将确信分为确信、相信、推测、揣想、怀疑、犹豫、不相信和不可能八个层级,[1] 揭示了人类认识事物的可能性程度和特点。然而相信与怀疑总是相伴而生的,无论是相信还是怀疑,均与人认识的根据、理由,以及论证、证明相联系。相信有一般相信、确信、坚定相信坚信,其对立面是怀疑。相信与疑点呈反比例关系,疑点越多,则相信越少,疑点越少,则相信越多。

经过对证据链的审查分析,在证据链断裂或者说出现反印证现象时,我们需要修复证据联结点。[2] 根据举证责任分配的一般规则,修复证据链属于控方的职责,控方无法修复,则不得认定被追诉人有罪。控方修复证据链的方法即补充侦查,包括自行补充侦查和退回公安机关补充侦查。例如,重新进行侦查实验,重新或者补充鉴定,重新勘验检查,重新搜集物证、书证、言词证据等。统而言之,修复证据链主要从三大方面入手。其一,搜集新的实质证据来弥合证据链的缺口,从而消除矛盾点。其二,重新搜集和审查原有的实质证据,譬如,更为深入地询问相关证人。其三,提供辅助证据来支持原有的实质证据的可靠性,避免实质证据被排除导致证据链断裂的情况发生。

第四节　禁止重复证明规则

反印证消除规则是证据链的综合效力的正向要求,而禁止重复证明规则是对证据链的证明程度的逆向要求。这一子规则的核心立场在于,反对通过一味堆砌证据来认定案件事实,反对在证明合力已经达到证明标准时仍过度证明的倾向。

---

[1] 张斌:《论英美刑事证明标准的神学渊源及启示》,载《清华法学》2009 年第 5 期,第 81 页。

[2] 张少林:《刑事印证初论》,载《国家检察官学院学报》2007 年第 2 期,第 135 页。

一、重复证明的界定

对同一待证事实，提出多个同一种类且内含信息完全一致的证据即构成重复证明，有学者称之为冗余印证。[①] 例如，在一起故意伤害案件中，控方提供了 3 个不同鉴定机构出具的内容无出入的伤情鉴定意见，或者 10 个不同的证人均作出亲眼看见被告人在被害人身后手持玻璃酒瓶砸向被害人后脑勺、随后被害人头部流血倒地的证言，就是重复证明。尽管重复证明的证据都具有可采性，但重复证明的证据数量的增加不会使综合证明力变大。考虑证明价值、诉讼效率和案件审理进程，在庭前会议中，法官宜对重复证明的情况进行释明，在控辩双方均无异议后对重复证明者择其一二进入集中审程序即可。在这种情况下，不让重复证明的多个证据进入庭审是出于证明力的考量而不是证据能力或可采性的考虑。对同一争点而言，证据数量越多并不意味着综合证明力越强。在一定限度内，证据数量的增多与综合证明力的提高呈正相关，证据数量的增长可以带来综合证明力的显著提升，每增加一个证据时，综合证明力的增量与所增加证据的证明力大小呈正相关。但超出这一范围即待证事实已达到证明标准，综合证明力则趋于饱和、基本不变，并不因为证据数量的持续增多而抬高，呈现出图 5-11 的趋势。[②]

---

① 罗维鹏：《印证与最佳解释推理——刑事证明模式的多元发展》，载《法学家》2017 年第 5 期，第 120 页。

② 图 5-11 展现的是证据数量和综合证明力关系抽象化、理想化后所呈现的态势，并不意味着每增加一个证据带来的综合证明力增量是精确的。事实上，每增加一个证据带来的综合证明力增量受该证据的证明力大小的影响，也会受法官办案经验、知识结构、认知水平等因素的影响，从而增加的证据在法官考虑案件时会表现出不同的权重。图 5-11 仅代表证据数量与综合证明力关系的大体趋势，并非精确量化的函数关系。

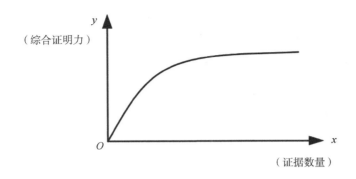

图 5-11　证据数量与综合证明力的关系图

二、禁止重复证明规则的价值考量

首先，禁止重复证明是尊重司法运行规律的司法理性的体现。诉讼证明是一种有限理性。这种"有限"之所以存在，是因为诉讼证明活动是一种不完全信息之下的法律推理，[①] 法律真实与客观真实之间难免有断层。正如学者所言，诉讼证明目的是达到客观真实，而诉讼证明标准确立的是一种法律真实。[②] 通过证据规则获得的一系列信念的集合是具有相对性的法律真实，而不是客观真实本身。诉讼证明必然存在或然性，而不能确保是完全笃定的确定性。但诉讼证明的或然性结论不是源于主观臆断，因此，从相对合理主义的视角来看，这种或然性认识是人类的认识无法达到完全确定的情况下所能实现的一种最理想状态，这种或然性结论能产生和确定性结论一样的法律效果。[③] 这种理性表现为正确适用证据规则之后所生成的达到证明标准的判决是正当的、合法的且具有可接受性的。禁止重复证明是对程

---

① 前文中已经提到这种不完全主要是源于认识能力的有限性、可获得的证据的数量和内容的有限性。

② 何家弘：《论司法证明的目的和标准——兼论司法证明的基本概念和范畴》，载《法学研究》2001 年第 6 期，第 49-53 页。

③ 秦策：《诉讼证明的盖然性范畴：功能与限度》，载《金陵法律评论》2013 年春季卷，第 29 页。

序之独立价值的肯定。重复证明的弊病在于试图通过堆砌证据、拔高证据体量，让说服对象产生证明效果显著提升、更接近客观真实的幻觉和假象。在已经达到排除合理怀疑的程度之后还试图挖掘更多证据，是在人为拔高证明标准，容易陷入过度印证的境地。排除合理怀疑是合乎理性和良知的，它通过破除合理的怀疑来形成道德确信。[1] 禁止重复证明、遏制过度印证是对证明标准的捍卫，是对审理者基于合理推论而形成的裁判结果的认同，也是直面诉讼证明或然性的、体现司法理性和司法的人性化的规则设计。

其次，禁止重复证明是衡平了公正与效率价值后基于诉讼经济原则的价值选择。一方面，禁止重复证明强调证据的质量而非数量，它反对一味堆砌证据的行为，可以避免举证方用重复证明来代替其他证据的搜集。这也有助于监督和把控审判是否公正进行。另一方面，禁止重复证明的多个证据进入法庭审理范围，可以减少因对重复证明的证据进行举证和质证而产生的重复性劳动，在不影响公正的前提下减少司法资源的投入，最大化地实现诉讼效益。

最后，禁止重复证明是恪守诉讼证明的限度。在刑事司法证明中，证明标准是立法对结论或然性的容忍限度，它确定了控方要达到的证明程度，一旦达到标准，则控方的证明责任得以卸除。[2] 因此，既定的证明标准的法律效果在于决定责任分配和风险分配的结果。重复证明和过度印证是在人为提高证明标准，这样会导致控方的证明责任畸重，不利于追究犯罪的诉讼目标的实现。禁止重复证明的效果在于把诉讼证明的限度控制在既不过高也不过低的范围之内。

---

[1] 刘晓丹：《刑事证明标准的维度分析》，载《中国刑事法杂志》2016 年第 3 期，第 76 页。

[2] 杨波：《审判中心下统一证明标准之反思》，载《吉林大学社会科学学报》2016 年第 4 期，第 136 页。

三、禁止重复证明规则的程序规制

法官在适用刑事证据印证规则衡量和评估证明程度时，受自身因素以及外部因素的影响。前者涉及法官的教育背景、办案经验、个人经历等。有学者面向法官群体进行调研，发现教育背景和办案经验在影响法官的所有因素中占据极大比重。具体来说，接受过正规法学教育且学历更高的法官准备评价证据和把握证明标准的概率更大。法官工作经验越丰富，在追求法律真实和避免过度证明、极致证明、无穷证明、高标准地要求案件事实达到客观真实程度等方面通常会有更深刻的认识。后者包括证明标准的模糊性、法官裁量的独立化程度、审判适用的具体程序类型、当时的司法政策、法官考核机制等。该学者的调研报告显示，这几个因素都对法官的司法决策有着举足轻重的影响。证明标准较为抽象，无法直接为法官量度证据提供指引，也导致不同司法辖区的裁判尺度有所出入。严打或者宽严相济等司法政策都对法官的司法裁量有影响。法官考核机制作为影响法官行为的激励机制，不同的考核指标也会带来不同的行为偏向。[①]

从司法管理制度来看，为了助推刑事证据印证规则的有效运行，以及避免重复证明和过度证明，需要提高法官队伍的精英化和专业化水平，以法官会议制度作为法官平等交流困惑和经验的平台。还可以通过加强培训和推行与适用刑事证据印证规则相关的尤其是与重复性证据的证明力有限性相关的指导性案例来引导法官正确把握证明标准。同时，还需要落实办案个人负责制，追究干预者的责任，确保法官独立办案而不受上级机关、领导、审委会、舆论等一切外部因素的影响。此外，有必要完善考核机制，不得以违反司法规律的不正当指标来评判法官的尽职程度和工作绩效。

---

① 叶锐：《刑事证明标准适用的影响因素实证研究》，载《中国刑事法杂志》2014年第2期，第111-116页。

从狭义的刑事诉讼程序本身来看，重复性证据的程序禁止可以从以下方面入手。一方面，充分发挥庭前会议程序的证据筛选功能。当前，根据制度安排，非法证据排除问题在庭前会议中解决，如此安排主要是为了避免集中程序中已经对若干证据进行质证后一方提出排非请求时造成诉讼程序回转和大量司法资源耗费的尴尬。可以将重复性证据的审查也纳入庭前会议程序中，双方可以主张对方证据清单中的证据存在重复性证明，从而请求法官将不必要的部分排除在法庭审理范围之外。对不必要在集中审程序中重复质证的部分证据，法官也可以自行决定不将其纳入庭审范围。另一方面，对于未在庭前会议程序被剔除到法庭审理范围之外而进入集中审理程序的漏网之鱼，如果是经当事人提出并由法官确认属于重复证明，或者法官主动发现并确认其属于重复证明的，法官有权决定仅选择重复证明的证据中的部分证据进行质证。为确保诉讼进程和避免重复劳动，不再对其他重复性证据进行质证。

除此之外，还需要细化质证程序。现实的刑事司法实践中仍然存在举证和质证程序流于形式的问题。最为学者和辩护律师所诟病的是，公诉人时常宣读一连串的证据，且未对各项证据的证据内容、与争点的联系、不同证据之间的关系等问题给出清晰的说明和解释，辩方往往很难就此展开有效质证。控方有动力提出足够多的证据，让其构筑的证据链看起来更严密，就难免出现重复性证明的现象。一些重复性证据隐匿在其中，让人眼花缭乱，辩方亦难以入手，有效的交叉询问难以开展。因此，禁止重复性证明、正确适用刑事证据印证规则还有赖于质证活动的实质化。

第六章　刑事证据印证特殊规则

刑事证据印证规则的宏观结构和微观构造共同构成了刑事证据印证一般规则。刑事证据印证规则除了一般规则外，还有特殊规则，主要包括以下几种特殊情形。

第一节　补强规则

补强规则是指单一的言词证据证明不足以确定案件事实，从而需要补充其他证据来增强该证据证明力以达到证明标准的证据规则。补充的其他证据即补强证据，被补强的言词证据即主证据。[①]

一、补强规则的类型化

从补强的内容来看，补强规则可以分为对口供的补强、对被害人陈述的补强、对普通证人证言的补强。[②] 补强口供和被害人陈述主要是考虑这两类诉讼主体是案件的亲历者，其言词证据往往能很大程度地还原案件事实，但由于被告人和被害人的诉讼立场的不同，以及二者可能遭受身体或心理强制等原因，口供和被害人陈述可能存在虚假性，因此需要补强证据来担保其证明力。证人证言的补强则是为

---

① 陈朴生：《刑事证据法》，三民书局 1979 年版，第 146 页。
② 孙珊、张栋：《论言词补强规则的推展与适用——从刑事证据印证模式出发》，载《行政与法》2018 年第 9 期，第 97 页。

了避免证人提供虚假证言误导裁判者，以及在特殊情况下担保传闻证言的可靠性。我国刑事立法仅规定口供补强规则。从补强的方式来看，补强证据的作用方式主要有两种：其一，补强证据本身对待证事实有证明作用，通过与主证据相印证提升主证据的证明价值；其二，无法证明案件事实，仅用于支持主证据的真实性，主要为证明证人之作证资格、取证程序合法等。① 第二类补强证据具有特殊性，即主要是用于证明证据法事实，我国学者通常称之为辅助证据、补助证据，与之相对应的主证据则称为实质证据。②

我国刑诉法规定的证据是能证明案件事实的材料。有学者主张此处的案件事实仅指程序法事实和实体法事实而不囊括证据法事实。③ 亦有学者认为辅助证据通过支持实质证据的可靠性可以间接证明案件事实，因此，此处的案件事实除实体法事实、程序法事实外还包括证据法事实。④ 基于这一分歧，关于证据链规则与补强规则的关系也呈现出两种观点：第一种观点认为，在补强证据能证明案件事实而与主证据相印证的范围内，补强规则与证据链规则是交叉关系；第二种观点认为，两种补强的情形都属于印证，由于证据链规则的适用范围不局限于言词证据，因而，证据链规则和补强规则是包含与被包含的关系。究其根本，两种观点的对立是源于人们对补强方式存在争议或者说是对证明对象存在争议。两种补强方式在本质上都是通过与主证据之间形成逻辑融贯的证明系统来证明案件事实，无论是证据链还是补强结构都要达到排除合理怀疑的证明标准，因此，从性质上看，补强证据仍属于印证证据的范畴。但因补强规则有其特殊性，

① 证人的作证资格，包括证人的年龄、认知能力、表达能力等，在一些情况下还涉及证人的听力、视力等证人的感官能力。

② 周洪波：《中国刑事印证理论批判》，载《法学研究》2015 年第 6 期，第 147-149 页；张少林：《刑事印证初论》，载《国家检察官学院学报》2007 年第 2 期，第 134 页；谢小剑：《我国刑事诉讼相互印证的证明模式》，载《现代法学》2004 年第 6 期，第 74 页。

③ 王超：《中国刑事证明理论体系的回顾与反思》，载《政法论坛》2019 年第 3 期，第 34-35 页。

④ 熊秋红：《转变中的刑事诉讼法学》，北京大学出版社 2004 年版，第 289 页。

故分离出来成为独立的证明力规则，如证据链规则可适用于实物证据、言词证据，补强规则仅针对言词证据，再如，证据链上的证据不存在主次之分，而补强结构则以主证据为中心，补强证据起辅助证明的作用。

综上所述，补强规则可以分为狭义的补强规则、折中的补强规则和广义的补强规则。狭义的补强规则仅指口供补强规则。折中的补强规则实质是对所有言词证据进行补强的规则。广义的补强规则除了言词证据补强之外，还指辅助证据对主要证据可信性和证明力的辅助证明作用。威格摩尔持广义说立场，① 本节所称补强规则主要指口供补强规则，对于广义补强规则的另一种情形则在下一节中具体阐述。

二、补强规则的历史嬗变

补强规则的精神要义，正如英国古谚语"一个证人等于没有证人"所言，② 在我国古代《唐律疏议》关于"据重证以定罪"的理念中也有所体现。③ 补强规则滥觞于证明力规则空前发展的法定证据制度时代，尽管法定证据制度在自由心证制度成长起来后渐渐势衰，但数百年前在英国正式形成的补强规则仍绵延至今，保留在不少国家和地区的证据立法中。

补强规则在英国的形成是源于一起被害人复活的谋杀冤案。该案确立起了谋杀案件的办案准则，即如果只有被追人供述而找不到被害人遗体，也没有其他证据，就不得定罪。之后，补强规则开始在涉嫌叛国罪等罪名的案件中运用，但在英国仍然被限制在某些具体类型的刑事案件中。而在美国，补强规则几乎适用于所有的刑事案件。英美法系认为需要补强的是庭外自白。除了少数严重的犯罪外，

---

① 杜文静：《"孤证不能定案"的逻辑证成》，载《学术研究》2017 年第 11 期，第42 页。
② 齐树洁主编：《英国证据法》，厦门大学出版社 2014 年版，第 213 页。
③ 施陈继：《论孤证不能定案之瑕》，载《东南法学》2017 年第 1 期，第 202-203 页。

其他犯罪的当庭自白经过宣誓、交叉询问后可以直接采信。① 对法庭内外的自白的不同认可程度，归因于英美法系国家的对抗制传统、宗教文化等多重因素。在英美法系国家，补强规则自诞生之初就是作为证明力的限制性规则而在司法证明中发挥作用的。证据法学者威格莫尔认为，补强证据是一种从属证据，用来提升主证据的证明效力。② 究其本质，补强证据是通过逐步排除原本具有可能性的若干种解释让具有唯一性的事实结论浮出水面的。在前文我们已经详述了英美法系认为存在多个证据的案件，到了我国就可能属于孤证不能定案的情形。这反映了本土化的印证规则同英美法系补强规则的明显差异。③ 大陆法系国家也纷纷规定了自白补强规则，限制被追诉人自白的证明力，仅仅有被追诉人的供述、没有别的合理的证据佐证时，不得定案。如日本刑事诉讼法第 319 条确立了口供补强规则，对被追诉人的供述的证明价值进行了限制性规定。④ 在两大法系国家，补强规则的适用范围虽然有所差异，⑤ 但最核心和最基础的部分仍然是口供补强规则。该规则的存在主要是为了防范依据不实供述而错误定案的风险。

三、补强规则在我国的立法体现和司法实践

补强规则主要体现在我国刑诉法第 55 条和《解释》第 109 条。前者是关于补强规则的核心内容，强调口供只有与其他证据相印证

---

① 余冬阳、庄明源：《"孤证"困境中办理贩毒案件的路径设计》，载《中国检察官》2015 年第 10 期，第 55 页。

② 补强证据亦不同于反驳证据或者聚合证据。

③ 向燕：《"印证"证明与事实认定——以印证规则与程序机制的互动结构为视角》，载《政法论坛》2017 年第 6 期，第 18 页。

④ 该条规定，不是自愿作出的自白无证据资格。被告人的自白不管是否是在法庭上作出的，如果没有其他证据，也不能认定他有罪。

⑤ 该规则主要适用于言词证据，但在不同的国家具体的适用范围也不尽相同。有些国家这一规则仅适用于自白，有些国家则同时适用于其他证言。

才能认定案件事实成立。后者是对补强规则的进一步补充，它主要是解决有瑕疵的口供在何种情况下可以被采信为定案根据的问题。[1] 尽管依据间接证据也能定案，但口供依赖现象在短时间内难以被破除。通过查阅裁判文书网和相关资料，我们会发现绝大多数刑事案件的证据中都有口供的存在。[2] 由此也就能自然而然地得出这样一个结论，补强规则作为刑事证据印证规则的最为重要的特殊规则之一，在我国的刑事司法实践中被广泛运用。此外，作为刑事证据印证规则的特殊形态，适用补强规则时也应当遵循刑事证据印证规则的宏观结构和微观构造所囊括的争点导向规则、可采性优化规则、最低数量规则、独立来源规则、综合效力规则、反印证消除规则、禁止重复证明规则等子规则。

尽管补强规则被广泛适用，但当前的立法规定较为简单，仍然有一些立法尚未明晰的问题需要理论研究先行解决，以为审理者提供一些理论指引，也为将来的补强规则的立法完善提供一些探索性的思考。亟待解决的相关问题至少涉及以下几个方面。

其一，关于适用补强规则的口供的范围问题。即补强规则除了适用于庭外供述之外，是否还适用于当庭供述。我国关于补强规则的正式法律渊源中，并未对产生口供的诉讼阶段做出限定。笔者对此持肯定的立场，主张不管口供产生于哪个诉讼阶段，只要它在审判程序中作为证据材料被展示出来、成为控辩双方的质证对象，这个口供就要受补强规则的制约。我国并未确立传闻证据规则，口供无论源于审前还是庭审程序都具证据资格。一般而言，源于审前程序的口供存在程序违法的可能性较高，因此，审前口供虚假的概率较高，口供补强规则也是在这种背景下诞生的。事实上，当庭供述是在庄严肃穆的环境

---

[1]　通常来说，学者所讨论的瑕疵证据主要为有程序瑕疵的实物证据。见赵飞龙：《刑事补强证据规则的再辨析》，载《山东行政学院学报》2020 年第 6 期，第 33–39 页。此处有瑕疵的口供主要是指被追诉人的生理或者精神状态不佳时所作的陈述。

[2]　朱德宏：《刑事证据相互印证的实践形态解析》，载《国家检察官学院学报》2008 年第 2 期，第 95 页。

中作出的,被告人需要面临这种环境所带来的心理压力,但也无法排除被告人出于某种考虑而虚假供述,难以保证其供述完全真实可信,其供述的可信度仍然需要接受质证和补强规则的检验。总而言之,用于认定指控罪行是否成立的口供都应当符合补强规则的要求。

其二,关于共犯的供述是否适用补强规则的问题。这一问题在我国现有立法中亦未有触及。对这一问题,日本学界有持否定立场者,有持肯定立场者,也有持折中立场者。折中的观点又分为两种:一种观点认为需要区分共犯的供述是否为当庭作出,庭外的供述才需要补强;另一种观点认为需要区分供述的共犯是否为同案审理的,同案审理的共犯的供述才需要补强。我们更倾向于支持第二种折中的立场。共犯之间可能存在利益冲突,其供述也可能源于非法取证程序,其供述的真实性存疑。稍有不慎,就可能误枉误纵,损害实体正义。当共犯是同案审理时,不同共犯均作为被告,其供述都涉及作案过程,都需要适用补强规则。当共犯分案审理时,对案件而言,其他共犯的陈述在性质上属于证人证言而非口供。此时,共犯的供述不适用狭义的补强规则,但需要符合刑事证据印证一般规则的要求,否则难以确认犯罪事实成立。①

第二节　辅助证据规则

辅助证据规则是广义上的补强规则的具体表现形式之一。犯罪活动总是在一定的时间、空间和条件下进行的,必然会导致周边环境或者事物的改变,并形成一定的物理痕迹或者记忆残余。物理痕迹或者记忆残余因案件发生而出现,这是证据之客观性所在,也是证据同案件的因果关系之所在。基于此,人类通过证据材料来回溯案情、揭

---

① 吴光升、杨宝贵:《刑事证据补强:功能性思考、适用范围与补强程序》,载《证据科学》2019年第6期,第662-664页。

露事实真相就具有了合理性。有学者提出以证据能否直接或间接证明案件事实为标准，[1] 将证据区分为主证与旁证。[2] 旁证，亦有学者称之为佐证或者证据之证据。它主要是用于证明主证在搜集和保管程序、价值考量等方面的可靠性。[3] 譬如，一个人对盗窃行为人一贯品性的证言与行为人的盗窃行为无直接关系，但该证言可以成为该案的旁证。[4] 它虽然与案件发生之间不存在客观的、必然的联系，但对于鉴别主要证据的真实性和可靠性大有裨益。此处所说的旁证便是前文所称关于以证据法事实为证明对象的附属性证明。由于实体性证明在长期以来的刑事司法实践中居于主导地位，我国对附属性证明的重视明显不足。通常是辩方对控诉事实的真实性提出质疑后，才启动附属性证明，而这类证明活动往往表现为法官单方开展的调查活动，缺乏控辩双方的质证和对抗，法官通常只告知双方结论而不释明其认证过程，有损于辩方的知情权和辩护权。[5]

一、辅助证据的现实困境

2012 年，修改后的刑诉法将证据界定为证明案件事实的材料，《解释》第 64 条将案件事实指向定罪量刑事实，主要包括实体法事实和程序法事实，不包含关于证据可信性的证据法事实。司法解释中

---

① 证据能否直接或间接证明案件事实，即证据是否与案件发生存在因果关系。倘若能够直接或间接证明案件事实，则表明该证据与案件发生之间有因果关系，该证据是主证。反之，如果证据无法直接或间接证明案件事实，则意味着该证据与案件发生之间不存在因果关系，该证据为旁证。

② 胡锡庆：《诉讼证明学》，中国法制出版社 2002 年版，第 135－136 页。

③ 此处的价值考量主要指的是对审理者有无误导性的考量。

④ 陈卫东、谢佑平主编：《证据法学》，复旦大学出版社 2005 年版，第 105 页。

⑤ 法院对于控辩双方提交的证据认为需要调查核实的，为了确保发现真实的目标，一般会开展大量的庭外调查活动，比如就被告人的犯罪起因、立功情况等找公安机关等相关部门进行调查核实。这种调查核实活动实际上已经游离于司法证明系统之外，无法实现举证、质证方和认证方之间的互动，甚至缺少证明主体与证明客体、证明手段之间的相互影响和制约。所以，此类附属性证明活动已经在一定程度上异化为证据收集活动。见封利强：《司法证明过程论——以系统科学为视角》，法律出版社 2012 年版，第 173 页。

提到的一些证据材料无法纳入我国刑诉法所规定的证据范围，如反映非法取证的伤情照片、体检记录、医院病历、同监室人员的证言等，[①] 又如实物证据制作人关于制作和储存过程的书面说明等。[②] 这就涉及如何对上述材料进行定性的问题，此问题则有赖于辅助证据及其规则的理论探究。

从辅助证据规则的理论研究现状和司法适用困境出发，剖析辅助证据规则于完善我国证据法学研究体系和提高庭审实质化水平而言有重要意义，主要表现为：

其一，探究辅助证据规则有利于合理界定国家法律尚未规定但在司法解释中提及并不可避免地在司法实践中常用于支持判决的相关材料的性质，并通过肃清我国证据法学理论研究的若干误区、完善证据之外延以弥合法律漏洞，缓和立法和司法之间的矛盾和冲突。在域外，辅助证据是法官心证形成过程中必不可少的证据形态，是判断实质证据之可信度的核心制度设计。在我国，长期以来理论研究和立法规定中所提证据主要指实质证据，忽视了辅助证据的证明价值。[③] 尽管有学者提出实质证据和与之相对应的辅助证据这对范畴，[④] 但它们仍不是主流的划分证据类型维度，[⑤] 对实质证据和辅助证据的研究关注不多，且大多止步于对辅助证据的概念探讨，对其理论基础和规则构成关切不足。一方面，我国学界对辅助证据的概念界定尚未形成共识。另一方面，部分学者探讨了辅助证据的个别具体证

---

① 详见《人民法院办理刑事案件排除非法证据规程（试行）》第 5 条。
② 详见《证据规定》第 6 条。
③ 万毅：《证据概念及其分类制度批判——法解释学角度的反思》，载《兰州学刊》2015 年第 6 期，第 139 页。
④ 谢小剑：《我国刑事诉讼相互印证的证明模式》，载《现代法学》2004 年第 6 期，第 74 页。
⑤ 主流的证据类型划分研究仍主要限于原始证据和传来证据、控诉证据和辩护证据、间接证据和直接证据等。

据类型的运用规则，如实物证据鉴真规则、[①] 讯问录音录像制度、[②] 品格证据规则[③]等，但尚未系统、全面、详尽地开展辅助证据的相关研究。

其二，探究辅助证据规则有助于改善立法和司法中存在的表达混乱、指向不明、运行无序的问题。诚如学者所言，我国证据立法多见于司法解释并呈现出实用性强但体系化有缺的特征，这是由司法解释本身的功能和位阶所决定的，其仅回应司法实践的具体实操问题而无法越权规定一般性、普遍性问题。[④] 我国若干个司法解释条文分散地提及辅助证据的几种具体形态，但未对这类证据形态进行抽象提炼、归纳概括，也未对这类证据形态和刑诉法所规定的证据的关系问题予以厘清，这直接导致立法和司法在提及这些证据材料时的用语不明确、不统一。辅助证据立法规范不足，在一定程度上使得司法实践中实物证据的保管链相对粗糙、言词证据合法性审查的形式化色彩较重，不利于预防和减少刑事冤案的生成。

鉴于辅助证据的理论探究尚不精细、立法规定尚不完备、使用状况不尽如人意的现实背景，笔者试图厘清辅助证据及其规则的基本内涵，界定辅助证据规则在证据规则体系中的性质，剖析我国辅助证据运行困境的成因，继而探讨辅助证据规则在司法证明中的价值，并在考察域外辅助证据相关规则的基础上为完善我国辅助证据规则提出若干构想，旨在为完善我国证据法学研究和指引刑事司法实践提供些许思路。

---

① 陈瑞华：《实物证据的鉴真问题》，载《法学研究》2011 年第 5 期，第 127-141 页。

② 沈德咏、何艳芳：《论全程录音录像制度的科学建构》，载《法律科学》2012 年第 2 期，第 141-148 页。

③ 谭世贵、李莉：《刑事被告人品格证据规则初探》，载《法学论坛》2006 年第 2 期，第 101-104 页。

④ 万毅：《论无证据能力的证据——兼评我国的证据能力规则》，载《现代法学》2014 年第 7 期，第 143 页。

二、辅助证据的概念解读

研究辅助证据是研究辅助证据规则的基础，这就需要探究辅助证据的内涵、外延，并对辅助证据和相关概念进行区分，避免和相关概念产生混淆而模糊辅助证据规则的边界。

（一）辅助证据的基本内涵

当前学者对辅助证据的概念界定各执一词，有主张它是用于证明实质证据可信性的证据的，[①] 还有主张它是基于非待证事实而产生的证据的。[②] 由于运用第二种观点时，首先需要确定该案的待证事实是什么，继而判断某证据材料所证明的事实是否为非待证事实，对于司法实践而言较为烦琐。而第一种观点在判断逻辑上更为直接，只需要判断一项证据材料是否用于证明实质证据的可信性。因此，笔者持第一种立场。辅助证据是用于证明辅助事实的证据。辅助事实则是影响实质证据的证明效力判断的事实，直接面向实质证据的可信性衡量。质言之，辅助证据与待证事实并不具备直接关联性，辅助证据是判断实质证据之质地的证据，通常用于担保或者弹劾实质证据证明力。因此，辅助证据又被称为证据之证据。

正如物理学上力对物体的作用力有方向和大小之分，辅助证据对实质证据之可信性的作用力亦有性质和影响程度之分。从作用力的性质来看，辅助证据可能强化实质证据的可信性，此时辅助证据表现为补强证据，而当辅助证据削弱实质证据的可信性时，辅助证据则表现为弹劾证据。从作用力的影响程度来看，辅助证据因对实质证据可信性施加影响的大小，而区分为强辅助证据和弱辅助证据，其中需要警惕弱辅助证据中可能存在的不适宜的辅助证据。不适宜的辅助

---

① 宋英辉、汤唯建主编：《证据法学研究述评》，中国人民公安大学出版社 2006 年版，第 208 页。

② 周洪波：《实质证据与辅助证据》，载《法学研究》2011 年第 3 期，第 158 页。

证据或对辅助事实的证明价值不大，采信这类证据可能致使诉讼拖延，或虽然对实质证据证明力事实有一定的证明作用但可能导致法官偏见而不予采信。

辅助证据应符合以下要素或特征：

其一，辅助证据要在司法证明中发挥作用，就需要具备证据资格，符合立法所规定的证据准入门槛，不为证据禁止规则所排除，因而，针对证人的测谎实验结果不具备证据能力，不能作为证人证言可信性的判断依据，不属于辅助证据。

其二，辅助证据是相对于审判阶段而言的，不可与侦查阶段的侦查手段、侦查技术相混淆。如警犬咬住犯罪嫌疑人或者对着证人狂吠，又如侦查讯问被追诉人时测谎仪发出警示，[①] 可以是侦查过程中发现案件线索、寻找办案突破口的参考，而不能因为它们和其他证据都指向同一证明对象而理所当然将之归入辅助证据行列。

其三，不同于以要件事实为证明对象的实质证据，辅助证据的证明对象是证明力事实，即实质证据的可靠性问题。刑事案件中常见的出生证明虽然与犯罪事实行为本身无关，但通常属于实质证据而非辅助证据，因为其涉及的刑事责任年龄是主要待证事实即定罪量刑事实。从我国现行的刑诉法立法中关于证据的相关规定来看，立法将案件事实作为证明对象。从诉讼程序的进程来看，案件事实可以分为量刑事实、定罪事实。从是否对事实的定性发挥主导作用来看，案件事实包括要件事实和非要件事实。从所依据的法律渊源来看，案件事实又可以区分为证据法事实、实体法事实、程序法事实。[②] 辅助证据的证明对象仅包含作为证明力事实的这一部分证据法事实，而作为

---

① 辅助证据应符合相关条件，如有证据能力，测谎结论因不具备证据能力，不能作为辅助证据。

② 我国传统的证据法理论研究主张证据所证明的案件事实为程序法事实和实体法事实，不囊括证据法事实。近年来，更多学者肯定证据法事实的重要性和必要性，开始强调证据法事实的独立性。见王超：《中国刑事证明理论体系的回顾与反思》，载《政法论坛》2019 年第 3 期，第 34-35 页。

证据法事实另一部分内容的证据能力事实，则不属于辅助证据的证明范畴。这是因为在大陆法系证据能力和证明力二分说的视角中，证据能力法定且不强调证据的客观性，相关性则交由法官在审判过程中进行综合判断，证据能力问题几乎等同于证据合法性问题，取证主体及取证过程是否合乎程序规范，往往通过启动非法证据排除程序即程序性审判来解决。因此，对实质证据的证据能力具有证明作用的证据是对案件程序法事实予以证明的证据，属于过程证据的范畴。过程证据和实质证据合称为主要证据，主要证据和辅助证据一起共同构成证据链的链结。

其四，一项证据是否为辅助证据，取决于它的证明对象。当一项证据用于证明待证事实是否成立时，该项证据为该待证事实的实质证据，倘若一项证据是对用于证明待证事实的证据之真实性、可靠性进行评判时，该项证据对该待证事实而言为辅助证据。在司法实践中，一个案件的证明对象通常表现为多个待证事实，一项证据材料可能包含多个证据信息，同一项证据材料可以是多个待证事实的实质证据，也可以是某一个或多个待证事实的实质证据，同时是另一个或多个待证事实的辅助证据。因此，某一证据是实质证据还是辅助证据并不是恒定不变的，而是取决于具体的证明对象。

其五，主要证据中无论是证明实体法事实的实质证据还是证明程序法事实的过程证据，均与待证事实具有直接关联性，而辅助证据并不与待证事实直接相关，仅是用于担保或者削弱证明待证事实的实质证据的证明力。因此，辅助证据具有附属性，其依附于实质证据而存在，[①] 辅助证据因其对实质证据证明力事实的证明作用而建立起与案件事实的间接联系，脱离实质证据则不存在辅助证据的讨论空间。正是基于此，辅助证据又被称为附属证据。

其六，从辅助证据的形成阶段来看，有的辅助证据产生于犯罪过

① 辅助证据的附属性，也可称之为辅助证据的从属性。

程，如根据证人证言或者犯罪嫌疑人供述在犯罪现场找到的隐蔽性极强、依据常识和经验非经长期或亲身接触则无法获知其独特特征的物品等；有的辅助证据则是在诉讼过程中产生的，如讯问时的同步录音录像、法庭实验、专家辅助人的当庭陈述；还有的辅助证据源于其他案件的已决事实，如犯罪嫌疑人曾在其他两起已作出有罪判决的案件中以与本案相同的特殊作案手法实施犯罪行为所形成的相似事实证据；还存在独立于犯罪过程和诉讼过程的辅助证据，如目击者的视力诊断证明等。

其七，从辅助证据的表现形式来看，辅助证据既可以是实物证据，也可以是言词证据。前者如前述录音录像资料、侦查笔录等，后者如侦查过程见证人的证言、被告人邻居就被告人不良品格的庭上陈述等。

（二）相关概念界分

辅助证据与间接证据的关系问题在学界存在争议，大致表现为两种观点。一种认为辅助证据无法直接证明案件事实，因而属于间接证据。而主要证据既可以是直接证据也可以是间接证据。[1] 另一种则主张直接证据和间接证据的区分是在主要证据视野之下的分类。辅助证据是独立于主要证据的证据类型。在我国的证据分类中，直接证据是能单独证明案件事实的证据，间接证据只能反映案件事实局部面貌。这意味着此两类证据都与案件事实具有直接关联性，是司法证明活动的直接手段。而辅助证据与案件事实并无直接关联性，仅用于评判证明案件事实的实质证据的真实性和可靠性，属于司法证明活动的间接手段。基于此，笔者采第二种观点，对于包含实质证据、过程证据在内的主要证据，根据其能否反映案件事实全貌而分为直接证据、间接证据，不能反映案件事实本身而仅对证明案件事实的实质证据的真实性、可靠性产生影响的辅助证据并不适用这一证据分类。

---

① 周洪波：《实质证据与辅助证据》，载《法学研究》2011年第3期，第164页。

辅助证据既不是直接证据，也因不具备间接证据的实质要求而不是间接证据，是一种独立于主要证据的证据类型。

三、辅助证据规则的性质、实践及其价值

辅助证据规则是关于辅助证据的举证、采信等一系列法律规范的总称，服务于实质证据可信性判断。实质证据包括实物证据、言词证据，从辅助证据所对应的实质证据出发，辅助证据规则分为实物证据的辅助证据规则、言词证据的辅助证据规则，前者通常表现为实物证据鉴真规则，后者主要包括证人作证能力、证言取得程序、被追诉人供述的同步录音录像作证等。设置辅助证据规则的初衷是提升质证实质化水平，压缩虚假印证的空间，促进法律真实最大限度接近和还原客观真实。控辩双方均可借助辅助证据规则进行质证，控方运用辅助证据规则增强关键证据的证明力以强化证据锁链的稳定性和闭合性，辩方则通过辅助证据规则攻击控方呈交法庭的实质证据的真实性和可靠性以寻求打破证据链的突破口。

（一）辅助证据规则的性质界定

从刑事证据规则体系来看，首先，辅助证据规则隶属于证明力规则。如第二章所述，依其所规范的对象的不同，可将刑事证据规则分为证据评判规则、证明方法规则、证据能力规则和证明力规则。其中，证据评判规则主要用于规范证明模式、证明标准，证明方法规则涉及举证责任分配、质证方法等；证据能力规则通过设置法定的证据准入门槛对不具有证据资格者施以证据禁止，证据能力的判断是法律判断；证明力规则是用于判断某项证据使待证事实的成立或不成立的可能性大小，证明力的判断交由法官心证。如前所述，辅助证据用于判断实质证据对待证事实的证明价值的大小，从而判断要件事实是否成立，因此，辅助证据规则是一项具体的证明力规则。其次，辅助证据规则是印证规则的子规则，是支撑证据链闭合性的重要组

成部分。证据链规则作为证明力规则对形成证据链的要素和条件予以规范。完整的证据链条上既有证明要件事实的实质证据，也有用于验证实质证据合法性的过程证据，还有衡量实质证据证明价值的辅助证据。证据之间能否形成闭合的证据链，离不开辅助证据规则的运用和判断。

（二）辅助证据规则运行困境的原因剖析

辅助证据规则的运用较为混乱，尚未形成统一、稳定、系统的格局。一方面，这与刑事诉讼程序尚不完备、办案思维未彻底转型有关。我国自古以来形成的法律文化缺少萌发类似于大陆法系的直接言词审理原则或者英美法系的传闻证据规则的土壤，程序正义理念的引进亦为期尚短，尽管历次司法改革都采取措施致力于实现审判中心主义，但现有案卷移送制度难以避免庭审形式化，法官审前预判继续存在，证人出庭率仍处于较低水平，[1] 质证缺乏有效的程序规范和技术指引，加剧了实质性证据审查和有效辩护的难度，也使得控方本就居于优势地位的控辩关系更加失衡。刑事司法惯性在一定程度上滋生并助长定罪化的办案思维倾向。在思维惯性作用下，经检察院侦查监督的有罪证据往往被推定为真实合法，[2] 在非法证据排除程序中控诉证据被排除的比例长期以来维持在较低水平。[3] 诸如此类的多方面因素综合作用导致侦查机关没有动力提供完善的实物证据保管链条或者言词证据辅助证据。在检察院起诉时，除非证据有明显错误，否则较少要求侦查机关予以补正或者解释，而这些证据呈交法庭后多被采信，除非当事人及其辩护人提出质疑，否则很难推翻。相比之下，德国等大陆法系国家虽然采卷宗移送主义，但检察官提交法庭的案卷只作为心证参考，证据是否采信仍有赖于直接审理和当庭举

---

① 魏晓娜：《以审判为中心的诉讼制度改革：实效、瓶颈与出路》，载《政法论坛》2020年第2期，第159-161页。

② 黄海波、黄学昌：《刑事司法的惯性》，载《当代法学》2012年第4期，第78-80页。

③ 李文军：《庭审实质化改革的成效与路径研究——基于实证考察的分析》，载《比较法研究》2019年第5期，第106-107页。

证、质证的结果。

另一方面，与辅助证据规则的理论研究不足、立法规定分散且不精细有关。从辅助证据规则的运行现状来看，其一，实物证据的辅助证据规则无论是立法规定数量还是运用频率，均高于言词证据的辅助证据规则。当前已然初步形成辅助证据规则的基本框架和形态，但这些规定从精细化程度和系统化程度来看，尚有缺漏，譬如，未规定辅助证据的例外情形，亦未规定言词证据的辅助证据类型是否可以是品格证据。其二，专家辅助人的运用不多，其意见难以呈现在裁判文书中，鲜有列入作为定案根据的证据之中。我国的专家辅助人制度与域外的法庭之友制度有相似之处，专家辅助人的陈述与待证事实是否具有关联性、能否作为证据使用，以及域外相关制度于我国专家辅助人的陈述定性而言是否有可资借鉴的地方，这些问题都亟待研商。其三，如前所述，辅助证据是证据链的重要组成部分，因此，辅助证据亦可构成定案根据。实质证据需要经过举证、质证、认证程序后方可采信，作为定案根据的辅助证据和实质证据一样也需要通过经过举证、质证和认证程序。而事实上，在庭审实质化水平尚不高的情况下，辅助证据的举证、质证和认证程序常常被忽略。法定证据类型以外的证据材料如何举证、质证，既是司法实践面临的困惑，也是理论研究需要探究的问题。

此外，还与证据法学基础理论的研究深度相关。我国证据法学的理论研究起步晚，基础理论研究仍有可待进一步探索的空间。辅助证据规则运行效果在一定程度上受制于相关性理论和证据分类理论的研究程度。如前所述，我国刑事立法和司法实践中谈及证据相关性时往往强调的是证据与案件事实直接相关，而作为证据之证据的辅助证据，是通过量度用于证明案件事实的实质证据的证明价值从而与案件事实间接挂钩的，仅与案件事实间接相关，实践中辅助证据容易因相关性弱而被排除于定案根据之外。[①] 因此，辅助证据规则的设置意味着对间接相关性的认可。我国传统的证据分类受前述狭义的相关性理论的影响，多基于主要证据的视角忽视辅助证据，主要证据与辅助证据作为一对范畴将确立起新的分类标准，依证据是否与案件事实具有直接关联性而分为主要证据、辅助证据。完善的证据分类理论能更好地指导刑事司法实践，指引控辩双方的司法证明方向，并引导法官的心证过程。

（三）辅助证据规则的价值定位

于司法证明活动而言，辅助证据规则的价值主要表现为以下方面：

其一，推进证明标准具体化和司法证明精细化，细化证据链规则的内涵，构筑法官心证的清晰化路径。法官自由心证过程如缺乏合理引导，则难免存在不确定性、不可预测性，而无论是我国的证明标准还是域外排除合理怀疑的证明标准，都存在抽象性、模糊性，难以保证证据与案件事实的确证关系。辅助证据规则的理论前提和立论基础是依证明对象的性质之不同对证据池里的证据进行分类管理，[②] 进而为指引法官心证提供了逻辑清晰、富有层次性的思维路径，使得法官在面对烦冗的法律条文和庞杂的证据材料时不至于手足无措。法官得以借助辅助证据规则等将庞大的大量信息量迅速化繁为简，围绕定罪量刑的关键性事实对证据集合进行有效筛查、取舍、分门别类，从而判断依据现有的具备可采性的实质证据、过程证据和辅助证据能否排除合理怀疑，是否足以构成起完整、稳定的证据链，以确保法官作出合乎法律和逻辑的裁判。

其二，完善证据相关性理论，丰富证据分类标准，缓和部分情况

---

① 　向燕：《"印证"证明与事实认定——以印证规则与程序机制的互动结构为视角》，载《政法论坛》2017 年第 6 期，第 18 页。

② 　此处证据池指的是证据集合，即将案件的所有证据视为放在池子中的石子，法官基于证据规则和自由心证从证据池中挑选出可以作为定案根据的证据以构筑证据链，从而认定案件事实并做出裁判。

下孤证不能定案的司法困境。辅助证据规则理论与相关性理论、证据分类理论密切相关，一方面，辅助证据规则的完善受制于相关性理论、证据分类理论的研究程度，另一方面，辅助证据规则的理论展开和实践探索也会助推证据相关性理论、证据分类理论趋于完善，让作为规则本身理论基础的实质证据和辅助证据这对范畴获得更多认可。在有些情况下，辅助证据对法官形成内心确信施加了一定影响，但碍于立法的限制无法在裁判文书中体现，还有些情况下用于证明待证事实的实质证据仅有一个，存在辅助证据足以让法官形成内心确信，但由于辅助证据并不是法定的证据类型，这类案件往往被认定为属于孤证不能定案的情形，这是同样案件在中外可能得到截然不同的判决的症结所在，[①] 也是我国的印证规则被指责为过于僵化的原因之一。确立辅助证据规则有助于改善对孤证不能定案的片面解读和僵化运用。

其三，提升质证质量，提高法庭质证的实质化水平，减少因虚假印证导致的刑事冤案。近年来曝光的刑事冤案都存在虚假印证的问题，表面上看诸项证据之间已构成完整的证据锁链，但事实上缺乏对证据质地的审查。辅助证据规则为控辩双方提供平等对抗的武器，敦促控方利用辅助证据来巩固控诉证明体系，辩方则借助辅助证据来攻击控诉证据的可信性。譬如，在一起故意杀人案件中，辩方从控方举证的作案工具刀具的保管链入手，攻击该证据的可靠性，控方可通过出示保管和运输记录表、传唤经手人员出庭等方式来证明保管链条完整、证据未被污染。质证程序中运用辅助证据规则，促使控辩双方开展有效质证，改善质证流于形式的状况，让虚假印证难以有存在的余地，有助于从源头减少刑事冤案。

---

① 向燕：《"印证"证明与事实认定——以印证规则与程序机制的互动结构为视角》，载《政法论坛》2017 年第 6 期，第 18 页。

四、完善辅助证据规则的若干构想

随着证据印证规则或曰证据链规则入法，证据之间相互印证不再仅是司法证明活动中的惯用术语或经验法则，而成了一项法定的证据规则。通过实质证据间的证据信息重合来认定证据证明力是有风险的，实质证据的证明力应当经过辅助证据验证。作为证据链规则的一部分，辅助证据规则可以为司法证明活动指出清晰的应用进路。辅助证据规则的完善对于提升我国司法证明活动的精细化和庭审实质化程度具有重大意义。辅助证据规则的完善既需要来自外部的相关配套措施的加持，如刑事诉讼程序的改进、证据法学基础理论研究的深化等，还有赖于辅助证据规则的内部完善。具体来说，需要从以下方面努力。

（一）相关配套举措的跟进是前提

其一，完善刑事诉讼程序，提高刑事程序法治化水平。既要完善证人保护制度，减轻证人出庭作证的心理负担，补偿证人为出庭付出的时间和经济成本，以形成证人出庭作证的正向激励，也要改良庭审程序，为质证程序预留足够的时间，还要加强证据实质审查，除法定的推定为真实合法的证据类型外其他实质证据都应当提供辅助证据予以佐证，确保作为定案根据的争议证据都经过质证的考验。通过总结各地法院质证程序的经验和教训制定统一适用的质证程序规范，引导控辩双方科学高效开展质证。此外，还要自上而下引导司法人员转变办案思维，加强对无罪推定原则的理念和内核的深刻认识，引导法官减少卷宗依赖，通过直接言词审理及时判断证据的可靠性、排除非法证据，防止因未排除非法证据或遗漏无罪证据而形成虚假印证并酿造刑事冤案。

其二，完善证据法学基础理论研究，为辅助证据规则提供理论指引和支持。一方面，要完善证据相关性理论，突破现有对相关性的狭义解释,从有利于心证科学化、合理化的角度出发,证据相关性应具有多样性,既包含直接相关性,也包括间接相关性,前者指证据材料与待证事实直接相关,后者仅指证据材料无法直接证明待证事实而只能证明用于证明待证事实的实质证据的证明价值。对于后者所囊括的情形不宜做扩大解释,避免引入过多证明价值低、相关性微弱的材料而导致诉讼拖延。另一方面,要创新证据分类标准,除了传统的四大分类之外,依据证据材料与待证事实之间相关性的不同增加主要证据、辅助证据的划分,与待证事实具有直接相关性者归入主要证据,反之则归入辅助证据;依据证明对象的不同增加实质证据、过程证据、辅助证据的划分,分别指的是用于证明实体法事实、程序法事实[1]、证明力事实的证据。

(二) 辅助证据规则本身的改进是核心

这需要从完善实物证据的辅助证据规则、言词证据的辅助证据规则,以及确定辅助事实的证明标准和辅助证据的举证质证规则等多个方面入手。

其一,完善实物证据鉴真规则。鉴真是为了确认实物证据是否具有同一性,即出示的证据和主张的证据是否同一,[2] 美国法中实物证据同一性的证明方法主要有独特特征和保管链条等,前者通常针对特定物,指该特定物具有某种独特特征(如特有的标识等)而能与他物区分开来,后者多针对种类物,通过收集、运输、保管、储存、交接物品等流程的所有经手人员出庭作证来确保证据信息的完整性在证据传递过程中不受破坏。[3] 我国刑诉法及相关司法解释中对实物证据鉴真方法仅规定了证据保管链,其中刑诉法第 59 条仅提到证据收集合法性存疑时,可以要求侦查人员等出庭作证,侦查人员出庭并无强制性,第 192 条进一步明确了出庭的情形。由此可见,一方面,

---

[1] 程序法事实包含证据能力事实,证据能力问题究其本质是程序正当与否的问题。
[2] 孙锐:《论刑事证据的同一性审查》,载《当代法学》2020 年第 5 期,第 110 页。
[3] 陈瑞华:《实物证据的鉴真问题》,载《法学研究》2011 年第 5 期,第 131 页。

法官对于侦查人员是否出庭作证具有较大的裁量权，另一方面，我国立法仍主要依靠记载保管过程中物品状态、负责人员、保存条件等具体信息的笔录类证据来考察实物证据从提取到保管再到呈交法庭全过程的同一性和真实性，尽管有要求侦查人员出庭作证，但不具有强制性，且立法仅提及侦查人员的作证问题而未规定侦查人员以外的其他经手人员应当出庭就实物证据的同一性接受质询，也未规定用于判断证据同一性的审判阶段的辨认。我国未来立法中可以借鉴域外法中的有益经验，当双方对实物证据的同一性提出质疑时，对于特定物允许通过识别、辨认、鉴定其独特特征来自我鉴真，对于种类物的鉴真，不能仅依靠笔录证据，除要求侦查人员到庭外，还应当要求其他经手人员和中立的见证人非因不可抗力都应就证据流转过程的相关问题出庭作证并接受质问。是否采信经上述辅助证据鉴真后的实物证据，属于法官自由裁量的范围。

其二，完善言词证据的辅助证据规则。首先，证人出庭作证是运用辅助证据规则判断实质证据可信性的基本要求，当庭作证和接受交叉询问有助于让虚假证言原形毕露，因此，作为定案根据的言词证据原则上应当在法庭上形成，提供证言的主体应出庭作证。在智慧司法普遍推开的背景下，必要时可通过远程作证方式提高出庭率。其次，在强调证人出庭的语境中，[①] 关于庭外证言能否作为证据使用的问题应当从两方面考虑。一方面，如果证人确实因死亡、身患重疾等客观原因无法出庭，倘若有辅助证据证明其庭外证言真实合法，则法官可以采信其庭外证言，否则，其庭外证言将因可信性不足而无法作为定案根据；另一方面，在证人出庭作证的情况下，对言词证据的采信遵循庭审优先的原则，无论是英美法系的传闻证据规则还是大陆法系的直接言词原则都体现了这一理念。此时，庭外证言无法作为当庭证言的补强性辅助证据，因为证言的证明力不会随着重复的次数

① 此处证人作广义理解，包括被追诉人、被害人、普通证人等。

增多而提高，但可以在排除侦查人员非法取证的情况下作为当庭证言的弹劾性辅助证据，即以证人前后证言不一致来质疑证人的诚实度从而攻击其作证资格。再次，言词证据的辅助证据通常表现为同步录音录像、证人的身体状态诊断证明、证人的精神状况诊断证明、法庭实验、专家辅助人的陈述等。关于证人品格、先前犯罪行为能否作为言词证据的辅助证据，我国立法尚未规定，未来的立法调整过程中可以吸收域外的立法和司法经验的合理内核，即允许辩方提交其良好品格证据、被害人的不良品格证据作为增强其供述可信性、攻击被害人陈述可信性的辅助证据，但原则上不允许控方率先使用品格证据，控方只有在辩方提交品格证据情况下得以用相应的品格证据予以反驳。通常而言，被追诉人的先前犯罪行为与案件关联性不足，原则上不能成为指控其供述可信性的证据，仅在该案作案手法具有独特性且与先前犯罪行为的手法具有高度相似性，从日常经验来看很难是巧合的情况下，才可以作为攻击被追诉人无罪供述和指控其犯罪的辅助证据。最后，域外言词证据的辅助证据包含了法官观察当事人当庭的举止和神态等而形成的情态证据。情态证据与我国古代的五听制度有异曲同工之妙，[1] 但证人情态受到多种因素的影响，具有较强的不确定性，不符合我国刑事诉讼立法对证据的真实性要求，尽管证人情态可能在一定程度上影响法官心证，但不宜成为独立的辅助证据类型。

其三，明确辅助事实的证明标准，制定辅助证据的举证、质证程序指导规范。在刑事诉讼中，案件事实的证明标准具有层次性，定罪事实中的要件事实、重大量刑事实，以及证据能力事实遵循最高层次的证明标准，[2] 非要件事实、从轻或减轻的量刑事实等采用优势证明

---

[1]　陈麒巍：《情态证据刍论》，载《中国刑事法杂志》2009 年第 1 期，第 92-93 页。

[2]　即排除合理怀疑。

标准。① 辅助证据仅用于判断实质证据的证明力，不直接证明要件事实，辅助事实宜类比适用优势证明标准。在审前的证据开示程序中，控方除了提交实质证据外，还应当提交佐证实质证据证明力的辅助证据，到了法庭审理阶段，控方应当主动出示实质证据及其对应的辅助证据，辩方也可以提交攻击控诉证据证明力的辅助证据、佐证辩护证据证明力的辅助证据。和实质证据一样，辅助证据的真实性、合法性应当接受双方的交叉询问。通过运用辅助证据发现不能排除受污染可能性的实物证据和存在虚假可能性的言词证据，从而摆脱片面追求形式主义印证的窠臼，推动司法证明活动从形式化的印证倾向迈向实质化的证据链构建。

第三节　隐蔽性证据规则

隐蔽性证据规则是刑事证据印证特殊规则之一，该规则自 2010 年在我国入法。学术界专门对隐蔽性证据规则开展研究者不多。笔者试图从法律渊源、基本内涵、性质、价值等层面来剖析这一刑事证据印证特殊规则。

一、隐蔽性证据规则的基本内涵和法律渊源

隐蔽性证据指的是包含着隐蔽性案件信息的证据。隐蔽性案件信息指的是只有作案人知悉而不为外人所知的、也无法通过类案推断得出的案件细节。② 例如，甲盗窃后，将赃物埋在某座山的某棵树

---

① 封利强：《司法证明过程论——以系统科学为视角》，法律出版社 2012 年版，第 234-238 页。

② 万毅：《"隐蔽性证据"规则及其风险防范》，载《检察日报》2012 年 6 月 6 日，第 3 版。

下 1.5 米的深处，这一藏匿赃物的地点极其隐蔽，如果不是甲在供述中提到，侦查人员很难发现赃物所在，侦查人员根据甲的供述找到赃物，赃物在这一起案件中就是隐蔽性证据。隐蔽性证据规则是关于隐蔽性证据作为定案根据应符合的条件的总称。

2010 年发布的《证据规定》第 34 条确立起死刑案件中的隐蔽性证据规则，2012 年通过的《解释》第 106 条将隐蔽性证据规则的适用范围扩大至所有刑事案件。根据该规则采信隐蔽性证据应同时符合三项条件：其一，隐蔽性的书证或物证是根据口供获得的；其二，口供同其他证据相印证；其三，已排除非法获取口供的情形。[①] 有学者称之为口供印证规则。[②] 该规则的言外之意是，可以通过隐蔽性证据增强口供的证明力，在隐蔽性证据与其他证据相印证且全案达到排除合理怀疑的证明标准时可以定罪。这就意味着该规则把由口供取得的隐蔽性证据视为口供的补强证据。

二、隐蔽性证据规则的性质界定与立论基础

隐蔽性证据规则是口供补强规则的一种特殊形态。用于补强口供的证据可以是辅助证据，也可以是实质证据。其中，补强口供的实质证据可以是普通的实质证据，也可以是隐蔽性很强的实质证据，如图 6-1 所示。隐蔽性证据规则旨在以根据口供获得的隐蔽性证据来补强口供。因此，它是口供补强规则的其中一种类型，但由于其具有特殊性，我国立法对此进行单独规定。

虽然立法通过规则设置来淡化口供的作用，但口供往往能覆盖大部分的犯罪构成要件事实甚至全部犯罪构成要件事实，能让司法工作人员快速把握案情脉络和获取更多案件线索，司法实践中的口

[①] 如诱供、逼供、串供等。
[②] 王宇坤：《口供印证的类型化研究》，载《浙江工商大学学报》2020 年第 1 期，第 141 页。

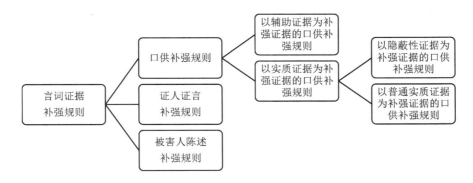

图 6-1　隐蔽性证据规则与补强规则的逻辑关系图

供依赖倾向显然难以在短时间内消减。事实上，口供依赖现象在世界各国普遍存在。[①] 在这种现实背景下，为了避免口供依赖带来的虚假印证，隐蔽性证据规则应运而生。

从现行规定来看，依据隐蔽性证据规则定罪时须符合刑事证据链的一般规则，[②] 但隐蔽性证据突破了独立来源规则的。之所以允许缺乏独立来源的隐蔽性证据作为定案根据，主要是出于以下几个方面的考虑。首先，隐蔽性证据通常携带着只有行为人和极个别人才知道且不易为他人发现的具有独特性的细节信息，隐蔽性证据将被追诉人和案件信息联结起来，搭建起了被追诉人与犯罪事实之间的直接联系。其次，取得程序合法且与其他证据相互印证的口供是可靠的，由可靠的口供获得的隐蔽性证据也具有可靠性。再次，口供和其他证据之间形成了一个融贯的叙事结构，隐蔽性证据以故事细节融入其中，使故事更丰满的同时仍能维系整体叙事逻辑自洽之状态。[③] 最后，隐蔽性证据规则的适用前提是本案除了口供、依据口供取得的物证、书证外，还要有其他实质证据。隐蔽性证据规则的法律

---

①　朱奎彬：《权利话语遮蔽下美国刑事司法的口供依赖》，载《四川大学学报》2007 年第 6 期，第 117-119 页。

②　此即刑事证据链宏观结构和微观构造所涵盖的普遍适用的子规则。

③　秦宗文：《刑事隐蔽性证据规则研究》，载《法学研究》2016 年第 3 期，第 185-186 页。

规范中虽然只提及依据口供取得的物证、书证要与其他实质证据相印证，而未提及其他实质证据与口供是否需要印证，但运用论理解释方法来解释该法律规范时，我们可以得出这样的推论——要想达到认定被追诉人有罪的程度，就要求现有证据之间相互印证、无矛盾，作为覆盖了大部分犯罪构成要件事实的口供，势必需要和其他实质证据相印证。因此，可以适用的隐蔽性证据规则的案件已经排除了孤证定案的可能性，隐蔽性证据的价值在于验证和担保口供的真实性。

有学者提出，隐蔽性证据规则可以用于解决口供反复情况下的哪个口供可信性更大、应该采信哪个口供的问题。[①] 当前法律规定的口供采信规则是，庭前供述、当庭供述存在多个不同版本时，谁的供述和其他证据相印证就采信谁。[②] 结合前面的分析，适用隐蔽性证据规则的前提之一是口供和其他实质证据相印证，因此，隐蔽性证据规则和口供采信规则并不冲突，在口供来源合法的情形下，依据口供获得了隐蔽性证据，并且该隐蔽性证据与其他实质证据印证，那么这一版本的口供的可信度高于其他版本的口供的可信度，可以依据隐蔽性证据规则来判断哪种版本的口供可信度更高。但如果未先行审查口供合法性，通过口供获得的所谓隐蔽性证据可能是虚假证据，在这种情况下就不能根据隐蔽性证据的来源来决定采信哪份口供。即使根据庭前口供找到了隐蔽性证据，但被告人当庭供述其庭前口供是在刑讯之下作出的，虽然庭前口供、隐蔽性证据与其他证据相印证，法庭仍需要审查刑讯逼供的事实是否存在，如果审查后确认刑讯逼供事实成立，隐蔽性证据虽然来自庭前口供，但该口供因为取证程序违法而不可采信。因此，在未先行审查口供合法性的情况下，不得因为凭借某个口供获得隐蔽性证据而采信该口供。[③]

---

① 万毅：《"隐蔽性证据规则"及其风险防范》，载《检察日报》2012 年 6 月 6 日，第 3 版。

② 详见《解释》第 83 条。

③ 我国立法并未否定刑讯逼供、诱供获得的物证、书证的证据资格。

三、隐蔽性证据规则的价值面向与风险规制

隐蔽性证据规则的潜在风险在于，一方面，获取隐蔽性证据的线索来自被追诉人的供述，隐蔽性证据突破了独立来源规则，意味着立法对同源证据的让步，同源证据在特殊情况下可以用来印证案件的关键事实。另一方面，隐蔽性证据强化司法人员对口供的确信，继而使司法人员产生证实性偏差有意或无意地忽视、隐匿无罪证据而倚重、挖掘甚至伪造有罪证据。[①]　此外，适用隐蔽性证据规则的前提之一是保证口供的自愿性、真实性、合法性，排除逼供、串供、诱供的可能性，这对充分落实非法证据排除规则提出了较高要求，如果未审慎地审查口供是否符合自愿性、真实性、合法性的要求，适用隐蔽性证据规则的适用就可能酿造刑事冤案。

我们需要思考的是，既然认可隐蔽性证据规则会带来这些潜在风险，而事实上这些风险在很长一段时间内都植根于我国的刑事诉讼法律文化之中，那么，我们的证据立法为何容许这一规则继续存在呢？

首先，诚如学者所言："价值从来不是一元自足的闭塞体系，而是多元竞争的开放体系。"[②]　法律不仅是一种技术理性，[③]　也是多元价值妥协的结果，是一种价值选择的表达。良法善治是现代文明中的世界各国的共同追求，至于何为良法，尽管各国在价值理念上大体一致，但落实到具体规则中就各有不同。任何法律规则都有其价值面向，都是立法者对冲突和变迁中的价值予以人为选择、人为预设的结

---

①　这种证实性偏差是指人们在内心有个初步的信念时，在其内心就会有意或无意倾向于寻找符合该初步信念的理由和依据，而忽视对立的其他信息。

②　谢晖：《论法律价值与制度修辞》，载《河南大学学报（社会科学版）》2017年第1期，第2页。

③　［德］马克斯·韦伯：《经济与社会中的法律》，张乃根译，中国大百科全书出版社1998年版，第306页。

果，立法中的价值取舍并非隔绝情感、放逐价值、排斥需要的，相反，立法中的价值决断需要平衡理性和良知、理想与现实。[①] 多元价值的聚合难以达到加法运算的数值累积效果，[②] 也就是说，一项法律规则中的多重价值无法同时获得最大限度的兑现，冲突价值中的一方权重的增加会带来另一方权衡的贬损，立法者需要绞尽脑汁、耗费心力作出何者优先的选择，以确定的价值预期规范各方多元的价值追求。犯罪行为和刑事司法裁判的结果常常导致当事人的人身和财产权益遭受根本性减损，因而刑事诉讼场域中的力量角逐和价值冲突更为显著。法律是否应当认可通过口供获取到的物证、书证的效力，立法者需要在程序正义和实体正义这一对冲突价值之间权衡取舍。如果立法允许认可司法人员通过被告人口供顺藤摸瓜找到相应的物证、书证，可能会导致一些司法人员为了寻求证据之间的一致性而根据口供伪造物证、书证。如果立法不认可侦查人员通过被告人口供获取的物证、书证的法律效力，而事实上侦查人员就是根据口供获取的物证、书证，那么可能会导致追究犯罪的证据不足，使得本应遭受法律制裁的被告人逃脱法网。另外，为了保留这个偶然获得的强有力的证据材料，侦查人员也可能会通过伪造勘验检查笔录等手段把通过口供获取的物证、书证包装成侦查人员自行发现的证据，以善意的伪造证据的方式来规避法律的禁止性规定。无论立法如何规定，都不能确保每个个体都遵守法律，都无法完全避免刑事冤案的发生，法律规则只能达到相对合理的程度，其他的则需要依托办案人员的职业素养、设置程序制约等予以保障。隐蔽性证据无形中验证了口供的真实性，担保了口供的可信性，因此，对于审理者形成内心确信而言具有极高的价值，立法对这类证据的证据资格予以肯定，符合公众实

---

① 谢晖：《论法律价值与制度修辞》，载《河南大学学报（社会科学版）》2017年第1期，第1页。

② 谢晖：《论法律价值与制度修辞》，载《河南大学学报（社会科学版）》2017年第1期，第5-6页。

质正义的期待。而事实上，这类物证、书证的来源并不纯粹，为了避免侦查人员伪造证据、刑讯逼供而妨害程序正义，立法者在隐蔽性证据规则中明确要求必须排除非法获取口供的情况。我们对独立来源的追求，主要是来自对毒树之果的恐惧。隐蔽性证据规则排除了毒树之果的可能性，这是该规则具有合理性的重要根基。简而言之，隐蔽性证据规则是立法者在平衡程序正义和实体正义之后做出的一项相对合理的选择。

其次，对于一个已然发生的案件来说，可靠、真实、合法的证据之间必然是相互关联且指向案件事实的。侦查人员无论是先发现物证、书证再获取到被告人口供，还是先获取的被告人口供，再通过这个口供获取到隐蔽的物证、书证，这两种证据发现、搜集的过程都是符合侦查规律的。为了避免非法获取口供的情形而全盘否定司法实践中通过被追诉人自愿、真实且程序合法的供述所获取的物证、书证，就是走向了另一个极端，得不偿失。独立来源规则并不要求用于证明案件事实的全部证据都要在来源上彼此独立。独立来源规则提供了一种判断证据证明力的维度，当一项证据与其他证据的证据信息具有内容或者证明方向上的一致性，并且这项证据在来源上独立于其他证据，那么这项证据的证明力更高。如果这项证据来源于其他证据或者和其他证据来源相同，并不意味着该项证据不具有证据资格，只是这项证据的证明力会相应渐弱，该证据在综合证明力评判中的贡献就会减少。也就是说，来源混同会减损该证据对其他证据的印证效果。

最后，隐蔽性证据规则是在刑事法律体系日益完备，刑事司法改革取得一定成效，法学教育发展到一定程度并培养了庞大的法律人群体，司法人员队伍的专业化、精英化程度显著提升的背景下出台的。这些都为抵制隐蔽性证据规则的潜在风险创造了更大的可能性。随着司法责任制的健全、去司法行政化措施的推进，办案人员出于趋利避害的本能，非法获取口供、制造虚假印证的可能性将大大降低。

证据能力规则和证明力规则逐步从混同走向分流，法官队伍专业素养的日益提升，这些正向因素都有助于法官在审查证据时排除非法证据、瑕疵证据的干扰。我们有理由相信法官在审查隐蔽性证据时能清晰地认识其来源上的瑕疵，能合理地评判其在综合证明力中的分量，进而审慎得认定案件事实。

综上所述，立法者在综合考虑法律价值的冲突与平衡、侦查规律作用下的证据发现过程、司法环境的优化、法治化程度的提升等因素后，允许隐蔽性证据规则入法。但隐蔽性证据规则的法律规范并不多，对办案人员的指引和约束尚不完备，隐蔽性证据规则的潜在风险仍然存在。

为规制隐蔽性证据规则的潜在风险，尤其是避免因适用隐蔽性证据规则而滋生刑事冤案，适用隐蔽性证据规则时还应注意以下几点：其一，一旦隐蔽性信息公开，譬如案外人也能获知隐蔽性信息，或者被告人从知道隐蔽性信息的被害人或办案人员处获知隐蔽性信息等，就不适用隐蔽性证据规则；① 其二，隐蔽性证据需要与口供以外的其他证据相印证以获得独立性保证和检验，不能和其他证据相印证的隐蔽性证据应当排除；② 其三，为保证隐蔽性证据的可靠性，应从源头上确保口供的自愿性、合法性、真实性，一旦口供不可靠，即使隐蔽性证据与其他证据能印证，隐蔽性证据也不具有可采性。

第四节　量刑事实的印证规则

拟判处死刑和从重量刑的量刑事实适用排除合理怀疑的证明标

---

① 万毅：《"隐蔽性证据规则"及其风险防范》，载《检察日报》2012 年 6 月 6 日，第 3 版。

② 陈卫东等：《"两个证据规定"实施情况调研报告——侧重于三项规定的研究》，载《证据科学》2012 年第 1 期，第 86 页。

准，因而，拟判处死刑和从重量刑的量刑事实也适用证据链的一般规则。其他量刑事实的证明标准较低，不需要达到排除合理怀疑的高度，因此，其他量刑事实只要符合争点导向规则、可采性优化规则、最低数量规则、独立来源规则、禁止重复证明规则，且用于证明量刑事实的证据之综合证明力能达到优势证明标准即可。

一、量刑事实的界定

从实体法的角度来看，案件事实包括定罪事实和量刑事实。定罪事实是与量刑事实相对应的概念。量刑事实指的是由控辩双方就刑罚如何确定而提出相应的主张所依据的事实的总称。它包括罪前事实、① 罪中事实②和罪后事实③等法定或酌定的从重、从轻、减轻、免除处罚的事实。有些量刑事实与犯罪事实重合，有些则不能作为定罪根据。后者仅影响量刑结果，包括被告人的社会关系、家庭背景、受教育程度、有无犯罪记录、是否立功、悔罪态度等。总而言之，定罪程序中涉及的证据都是围绕法定要件而提出的。而量刑程序中的证据不仅涉及法定情节的相关证据，还涉及酌定情节的相关证据。量刑程序较之于定罪程序，法官需要搜集、考量、采纳的证据材料通常会更加多样，也更加广泛。

二、量刑事实的类型化

无论是在学术界还是在刑事司法实践中，量刑事实常常被称为量刑情节。量刑事实通常依据以下几类标准被进行类型化的划分。例如，以是否直接源于法律规定为标准，区分成法定量刑情节和酌定量

---

① 如被告人的前科或一贯表现。
② 如故意选择老弱病残孕者作为犯罪对象、罪案手段极其残忍。
③ 如逃跑、立功等。

刑情节。又如，以量刑效果为标准，区分成从宽量刑情节和从严量刑情节。再如，以是否和定罪事实重合为标准，区分成混合量刑事实和纯粹量刑事实。对量刑事实的类型化研究有助于明晰量刑证明对象，有益于引导控辩双方拓展量刑证明思路，从而提升量刑证明的实质化程度。

有学者通过调研发现，刑事办案过程中量刑程序的证明活动对抗性缺位，以控方提交和宣读量刑意见为主，鲜有双方就量刑争议事实展开实质性质证和辩论的情况，审理者的量刑判决亦缺乏说理，过于笼统。尽管国家立法已经确立起量刑程序相对独立的地位，实践中的量刑程序的独立程度不高。① 事实上，真正对被追诉人产生直接影响的量刑裁判而非定罪裁判。司法实践中存在的量刑证明的虚设和流于形式的现象导致证明主体搜集量刑证据的内在动力不足，有损量刑程序的公正性。此外，其还发现刑事办案过程中存在重法定情节而轻酌定情节的倾向。其在大量已决案件中都发现了这一现象，无论是双方在量刑程序中质证所围绕的争点，还是法官最终的事实认定，主要关注的是法定情节。②

三、不同量刑事实的印证要求

如前所述，量刑事实与定罪事实是交叉关系。在量刑证明过程中，需要区分重合部分的量刑事实和非重合部分的量刑事实。非重合部分的量刑事实是区分量刑程序与定罪程序并使自身具有独立性的基础。因此，由于混合量刑事实其实是与定罪事实相重合且不可分割的，定罪程序往往已经对这类事实予以证明，故在量刑程序中不必再做重复工作。纯粹量刑事实则需要通过区分量刑的倾向性来决定是采严格证明的立场还是自由证明的立场。通常而言，对于需要判处死

---

① 闵春雷、孙锐：《量刑证明的困境与出路》，载《学术交流》2015 年第 8 期，第88 页。
② 闵春雷、孙锐：《量刑证明的困境与出路》，载《学术交流》2015 年第 8 期，第88 页。

刑和从重量刑的，量刑事实采严格证明的立场，其他量刑情节，则采自由证明的立场，不需要达到高度盖然性的证明标准。针对不同的证明对象提供分层级的量刑证明标准有利于促进司法资源的有效配置，提高诉讼效率，减轻控辩双方的证明负累。

量刑事实的印证规则的有效运作有赖于量刑证明在刑事司法实践中获得足够的重视。从诉讼程序设置来看，定罪与量刑相分离的程序格局是量刑证明走向独立化道路的关键。从证明规则结构来看，我国当前关于量刑证明规则的立法和研究尚且不足。这需要在今后逐步予以完善，从而解决量刑证明如何开展、量刑证据的质证如何进行等核心问题。从证明责任分配来看，不同于定罪证明中控方承担主要证明责任，量刑证明责任的分配采谁主张则谁举证的原则。控方主张从重量刑或者辩方主张从轻量刑都需要各自主动提供相应证据。从证据的全面性来看，证据作为证明的根基，这就要求控辩审三方，尤其是控辩双方要尽可能全面详尽地搜集量刑证据。不仅要搜集与法定情节相关的证据，还要注重挖掘与酌定情节相关的证据。不仅搜寻与从重量刑相关的证据，还要重视有利于从宽量刑的证据。以立法或者指导性案例的方式肯定酌定情节量刑的相关证据的证据资格，[①] 有助于为证明主体在量刑程序中举证、质证和认证的行为提供指引，促进量刑证明迈向实质化。

---

① 例如品格调查报告、家庭成长环境调查报告等。

结　语

刑事证据印证系统或者刑事证据链是事实证成的根本。刑事审判是一种把一片片证据拼在一起来确认能否形成刑事证据印证系统或者刑事证据链的工作。[①] 刑事证据印证系统或者刑事证据链是两个以上的证据指向争点而生成的稳定结构，是反映证明主体、证明客体、证明手段之间互动关系的立体结构。倘若全案证据能构造出完整的证据锁链，则案件事实得以证成。因此，印证是判定案件事实成立的充要条件。尽管数轮司法改革都强调裁判文书说理的重要性，不少刑事裁判文书的说理仍不尽如人意。不同证明主体对文书的说理化程度的评价也不尽相同，尤其是审理者对文书说理的评价和辩方对文书说理的期待之间仍有较大差距。[②] 通过查阅公开的刑事判决书，我们可以发现不少文书主要以罗列证据加上简单分析这些证据对要件事实的证明作用的方式来论证和得出判决结果。对不同证据是如何衔接在一起、如何产生印证效果、如何有机结合成稳定的证据链结构等更深层次的分析并不充分。刑事证据印证规则提供了一种由平面化证据罗列方式向立体化证据组合结构转化的可行方案，条理清

[①] ［美］乔恩·R. 华尔兹：《刑事证据大全》，何家弘等译，中国人民公安大学出版社1993年版，第28页。

[②] 本书开展的面向来自法院、检察院和律师事务所的有刑事办案经验的实务界人士的问卷调查结果显示，约62.2%的律师认为其收到的多数刑事判决书未曾充分分析证据印证情况，通常只是简单分析证据印证情况，或者不分析证据印证情况而直接罗列定案证据。与此不同的是，58.06%以上的受访法官则认为其出具的刑事判决书会充分分析证据印证情况，认为其出具的刑事判决书会充分分析或者简单分析证据印证情况的受访法官在所有受访法官中约占3/4。超过46.55%的受访检察官认为其收到的多数刑事判决书会充分分析或者简单分析证据印证情况。详见附录二的第二至第四部分。由此可见，法官和检察官对刑事判决书说理的满意程度远高于辩护律师，辩护律师群体期待更充分的刑事判决书说理。

晰地展现了一套从证据跨越到事实的、从抽象的证明标准到有迹可循的心证历程的过程管理规则。它能有效地识别和分离出虚假印证、形式印证，对遏制刑事冤案的生成、提高刑事司法裁量的准确性大有裨益。

证据的分量的判断，并不能像用秤给物品称重一样给出每一个物品的质量。通过贝叶斯理论以精确化的公式来衡量证据证明力是不可行的。纵观全书可以发现，笔者将大量的笔墨用于我国刑事证据印证规则的立法构建上，主要详述了如下设想。

第一，完善我国刑事证据印证规则的基本内涵。确立刑事证据印证规则的概念，对刑事证据印证规则进行法律限定，明确证据链是由一定数量的定案根据形成的达到证明标准的证明体系。人民法院审理刑事案件时，应当调查核实控辩双方所提交的证据。只有证据链完整闭合且无法排除合理怀疑时，方可作出有罪判决。证据链是司法证明的逻辑命脉，刑事案件中证据的形式多样、也复杂多变，在同一案件中，可能出现证明方向相反的证据；在同一证据材料中，证明内容可能也不会始终同一，即存在证明内容指向被告人犯罪，也可能存在指向其他人犯罪的内容。从核查证据到最终确定案件事实的过程是一个多维立体结构的构建过程，法官以控辩双方提交的证据为材料来搭建、完善并最终形成一个结构分明、脉络清晰、稳定牢固的达到法定证明标准、足以令裁判者形成强烈的内心确信的证明体系。此即证据链的建构过程。证据链结构的复杂程度取决于证明需求的复杂程度，更精确来说，取决于证明对象的复杂程度。①

第二，构建我国刑事证据印证一般规则。从刑事证据印证规则的宏观结构来看，除了要求形成证据链的证据之间具有共同指向性以外，在确定证据链时还要遵循以下规则：其一，可采性优化规则。形成证据链的证据应当符合证据能力规则和可采性规则。控辩双方提

---

① 薛献斌：《证据组合论》，中国检察出版社 2008 年版，第 407-408 页。

交的不具备证据能力或不具备可采性的证据材料，不能成为定案根据。控辩双方在庭审中对具备证据能力和可采性的证据进行质证，由法官结合质证情况考量单个证据的证明力、不同证据之间的关联强度，采纳更具有说服力的证据作为定案根据，对证明力不足者不予采信。其二，最低数量规则。形成证据链的证据不得少于两项，禁止以单一证据认定案件事实，任一待证事实都应当有至少两项在关键细节上相互印证的证据证明。在证据数量的计算上，证据数量的确定不受时间、地点、出示方式、出示主体等的影响。其三，禁止重复证明规则。对同一待证事实，提出同一种类且内含信息基本一致的证据即构成重复证明。在庭前会议中，法官应当对重复证明的情况进行释明，在控辩双方均无异议后，对构成重复证明的证据择其一进入集中审程序。

从刑事证据印证规则的微观构造出发，进一步规定刑事证据链子规则。关于证据的独立来源问题，除了对独立来源的范围和条件进行概括兼列举的规定外，还要求同一来源的证据与具有独立来源的其他证据相互印证才能认定案件事实。关于综合效力的判断问题，法官根据证据链上的证据认定案件事实的过程应当符合逻辑和经验，[①] 通过证据链认定的案件事实应达到排除合理怀疑的程度，立法需要对合理怀疑进行界定，并就核心证据、非核心证据对综合效力的影响进行区分，本书主张合理怀疑是指与待证事实的相关性大且对定罪量刑有重大影响的案件疑点，与待证事实的相关性微弱或者无相关性的疑点不构成合理怀疑。关于刑事证据链断裂时如何弥补的问题，须通过新的证据形成印证来消除矛盾，不能通过证据印证消除矛盾的，不能作为定案根据。

第三，构建我国刑事证据印证特殊规则。关于补强规则，需要明确其适用范围以及补强方式，本书主张补强证据包括直接证明待证

---

① 杨潍陌：《刑事诉讼中事实认定的逻辑思维及应用》，载《法律适用》2018 年第 11 期，第 82 页。

事实的证据和仅用于支持言词证据真实性的证据。关于隐蔽性证据规则，强调在排除串供、诱供、逼供的情况下，根据被追诉人的供述、指认提取到隐蔽性证据，能与其他具有独立来源的证据印证时，前述物证、书证可以作为定案根据，不能印证的，前述物证、书证应当排除。关于量刑事实的印证规则，因不同量刑事实所适用的证明标准不同，对被告人判处死刑和从重处罚的事实的认定，可依照上述刑事证据链一般规则进行，对其他量刑事实的认定，参照上述规则达到优势证明的程度即可。

至于立法中把刑事证据印证规则放在什么位置，结合前文的论述，刑事证据印证规则是证明力规则中的相关性规则。因相关性规则又区分为相关性排除规则和相关性引导规则，刑事证据印证规则是相关性引导规则的核心内容，刑事证据印证规则的相关条文可置于证明标准规则、证据能力规则之后，纳入证明力规则之下的相关性引导规则的条文之中。

事实上，刑事证据印证规则的顺畅运行除了依托于规则本身的完善之外，也需要相应的配套制度来为该规则的运行提供良好的制度环境。例如，通过构建证明标准体系制度、构筑证据排除规则体系、搭建定罪程序与量刑程序相分离的审判格局、改进质证制度等，可以在一定程度上减少刑事证据印证规则的在运行过程中遭遇的阻碍。不过，我们应当清醒地认识到这些配套举措于刑事证据印证规则而言主要起锦上添花之效，单纯有这些配套举措而欠缺完善的刑事证据印证规则仍无法为刑事法官综合判断证据证明力并最终认定案件事实提供充分的引导。即使这些配套措施欠缺或者不健全，刑事证据印证规则依然能为控辩双方的举证、质证行为和法官的认证行为提供指引。因此，为了回应司法实践对刑事证据印证规则的理论需求和确保本书能一以贯之地围绕研究对象本身进行剖析，本书的重心和主体内容都在论证应然的刑事证据印证规则应该是何种形态，应当包括哪些细化的、于刑事法官而言具有可操作性的子规则上，而未剖析相关配套措施该如何为刑事证据印证规则保驾护航。

最后，还需要说明的是，刑事证据印证规则是对法官抽象思维过程的具象表达。但这种具象表达并不是一种量化的、公式化的分析模型。笔者始终认为，刑事法官量度证据证明力的过程不是一个公式化的计算过程。法定证据制度已然向后人揭示了这样的历史教训，即任何企图量化证明的尝试都不可避免地会陷入以证明之形掩盖证明之实的泥潭。这是因为证明力和证据来源的全面性在司法证明中都居于至关重要的地位。概率运算往往用无差别的换算方式来模糊不同来源的证据的差异性。① 证据链上的证据各有其效用，不得被随意替代。案情千变万化，司法证明错综复杂，量化方法终究是行不通的。② 因此，刑事证据印证规则不是一个量化的公式，而是一种用于指导刑事法官认定案件事实的分析框架。这个分析框架的意义在于尽其所能地帮助法官厘清思路，让法官在分析全案证据和认定案件事实过程中得以逻辑自洽、思维周全。刑事案件往往涉及庞大、烦冗的证据信息，需要事实裁判者投入相当多的时间和精力。迄今为止，两大法系的证据法学家尚未寻找出一种可以重复检验刑事司法证明过程中的推论正当与否的、普遍适用于所有刑事案件的逻辑分析工具。20 世纪，学者威格摩尔在其巨著中提出了用于指导事实裁判者思维过程的图示法，该方法在理论上是可行的，但最终因为涉及众多复杂的符号、不易上手、分析过程须耗费大量时间等原因而未能推广开来。不管我们是否意识到，在评判单个证据证明力和全案证据综合效力的过程中，心理学和逻辑学的方法都在影响着我们的分析路径。基于上述的分析，我们得清晰地认识到刑事证据印证规则提供的分析框架无法指出事实裁判者就某一个具体案件的事实争点和全案证据应当得出何种结论，但它揭示了事实裁判者应当如何解构事实、甄别证据、组织证据，如何将基于证据信息而形成的信念联系在一起并

---

① 梁权赠：《事实认定的概率分析》，载《中国司法鉴定》2016 年第 4 期，第 14 页。
② 栗峥：《司法证明的逻辑》，中国人民公安大学出版社 2012 年版，第 160-161 页。

形成最终的事实结论。这一结论可能是对初始判断的证成，也可能是对初始判断的证伪。事实裁判者在运用刑事证据印证规则时仍然需要审慎地对待每一步推论，确保认定的案件事实在最大限度上接近事实真相。笔者以大篇幅对刑事证据印证规则构成进行解构，结合了心理学、管理学等跨学科的知识和方法，目的之一是尝试去探索出一个相对容易上手且符合审理者思维过程的印证规则体系，为法官综合判断证据证明力和认定案件事实提供一种清晰、简洁的分析思路，一种更灵活、务实、有效的逻辑分析技术，开辟出一条从微观证据通往宏观事实的路径。

附录一　问卷调查表

关于刑事证据印证规则的问卷调查

我们正在进行一项课题研究工作，研究对象是刑事证据印证规则。出于课题研究需要，设置下列问题与诸位实务经验丰富的人士共同探讨。衷心感谢诸位百忙之中抽空填写本问卷！

（单选）1. 您的工作单位是（　　　）？

A. 法院　　　　　　　　　　B. 检察院

C. 律师事务所　　　　　　　D. 监察委

（单选）2. 您在现单位的工作时间长达（　　　）年？

A. ≤3 年　　　　　　　　　B. （3，5]

C. （5，10]　　　　　　　　D. >10 年

注：区间（a，b]指大于 a 且小于等于 b 的数量的集合，符号"（"代表不包含 a 本数，符号"]"代表包含 b 本数。

（单选）3. 您认为，在刑事案件中，通常而言，至少要有（　　　）个证据才能认定犯罪成立？

A. 1　　　　B. 2　　　　C. 3~5　　　　D. 6~10

E. 11~15　　　F. 16~20　　　G. 20 个以上

（单选）4. 被告人供述了持刀伤人的经过，目击证人说看到被告人持刀砍人。您认为，这两个证据材料是否相互印证？（　　　）

A. 是的　　　　　　　　　　B. 不是

198

（单选）5. 目击证人说看到被告人持刀砍人，警方在犯罪现场获取的作案刀具上提取到被告人的指纹。您认为，这两个证据材料是否相互印证？（　　）

A. 是的　　　　　　　　　　B. 不是

（不定项）6. 您认为，在刑事案件中，哪类事实必须要有两个或两个以上证据证明，才能认定该事实成立？

A. 定罪事实

B. 量刑事实

C. 程序事实（如司法人员回避与否）

D. 证据事实（如证据保管链的完整性）

（不定项）7. 您认为，以下哪些实体法事实必须有两个或两个以上证据证明？（　　）

A. 行为人

B. 作案工具

C. 作案手段

D. 作案时间

E. 作案地点

F. 犯罪后果

G. 其他_____

（单选）8. 当前刑事案件中，法院对非法证据的审查是否充分？用数字 1~5 来描述这种充分程度，数值越高代表越充分。您会选择哪个数字？（　　）

A. 5

B. 4

C. 3

D. 2

E. 1

（不定项）9. 您认为，以下哪些属于孤证不得定案的情

形？（　　　）

A. 全案只有 1 个证据

B. 全案有若干证据，这些证据之间相互矛盾

C. 全案有若干证据，这些证据具有相同的来源

（单选）10. 在一个故意伤害案件中，有 30 个人都目睹了作案过程，这 30 个证人都需要出庭作证吗？（　　　）

A. 需要

B. 不需要

（单选）11. 接上一个问题，目击证人共 30 位，传唤几位出庭作证最为合适？（　　　）

A. 1~2

B. 3~4

C. 5~6

D. 7~8

E. 9~10

F. 11~15

G. 16~20

H. 21~25

I. 26~30

（单选）12. 甲乙二人一起入户盗窃，盗窃罪定罪的相关事实均有查证属实的证据证明，但关于作案时间，二人的分别供述中有一处矛盾——甲说二人是凌晨两点半爬进受害人家中，乙说二人是凌晨一点半爬进受害人家中。本案能否认定盗窃罪成立？（　　　）

A. 能

B. 不能

（单选）13. 犯罪嫌疑人的口供中提到甲在犯罪现场，侦查机关根据口供找到甲，询问甲案发过程的相关情况，并制作了询问笔录。这份询问笔录能否成为口供的补强证据？（　　　）

A. 能

B. 不能

（不定项）14. 甲涉嫌杀人，以下哪些证据材料可以成为定案证据？（　　　）

A. 甲的口供

B. 目击证人对其所看到的作案过程的陈述

C. 目击证人的视力诊断证明

D. 被害人死因的鉴定意见

E. 作案工具上提取的指纹与甲的指纹相同的鉴定意见

F. 记录作案工具的提取、保管、运输、储存等过程的材料

（单选）15. 证据材料 a 是犯罪现场提取的带有血渍的刀具，证据材料 b 显示该刀具的保管链条完整。a 和 b 是否相互印证？（　　　）

A. 是

B. 不是

（单选）16. 假设在一个刑事案件中，有 60 个证明作用微弱的证据材料，能否据此认定犯罪成立？

A. 能

B. 不能

（单选）17. 在您经办的刑事案件中，对于控方提交的有罪证据，控方是否同时主动提交证明这些有罪证据合法性、可靠性的证据材料？（　　　）

A. 主动提交，和有罪证据同时提交

B. 庭审时，辩方对此提出质疑后再出示

C. 介于 A、B 两种情况之间

（单选）18. 您出具的或收到的刑事判决书中是否会对证据印证的情况进行分析？（　　　）

A. 多数会充分分析证据印证情况

B. 多数会简单分析证据印证情况

C. 多数不分析证据印证情况，直接罗列定案证据

（单选）19. 您认为，当前关于刑事证据印证规则的立法规定是否完备？（　　）

A. 尚不完备，需要更为细致的立法指引

B. 很完备，完全满足当下刑事司法的需要

（填空）20. 您有任何想法都可以在此反馈给我们，感谢您的参与！

附录二　问卷调查数据汇总

一、328 份样本的数据汇总

问题 1　您的工作单位是(　　)？

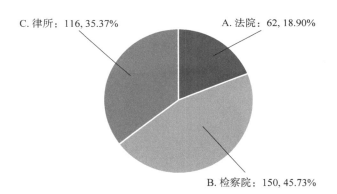

C. 律所：116, 35.37%　　　A. 法院：62, 18.90%

B. 检察院：150, 45.73%

问题 2　您在现单位的工作时间长达(　　)年？

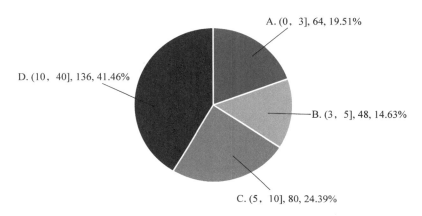

A. (0，3], 64, 19.51%

D. (10，40], 136, 41.46%

B. (3，5], 48, 14.63%

C. (5，10], 80, 24.39%

问题 3　您认为，在刑事案件中，通常而言，至少要有(　　)个证据才能认定犯罪成立？

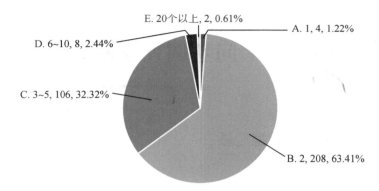

问题 4　被告人供述了持刀伤人的经过，目击证人说看到被告人持刀砍人。您认为，这两个证据材料是否相互印证？（　　）

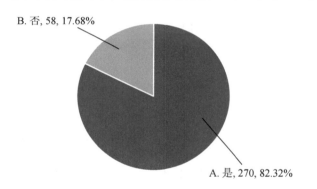

问题 5　目击证人说看到被告人持刀砍人，警方在犯罪现场获取的作案刀具上提取到被告人的指纹。您认为，这两个证据材料是否相互印证？（　　）

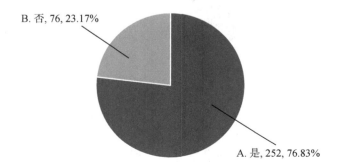

问题6　您认为，在刑事案件中，哪类事实必须要有两个或两个以上证据证明，才能认定该事实成立？

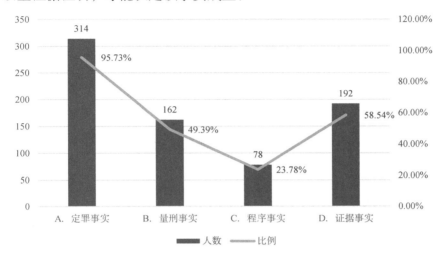

问题7　您认为，以下哪些实体法事实必须有两个或两个以上证据证明？（　　　）

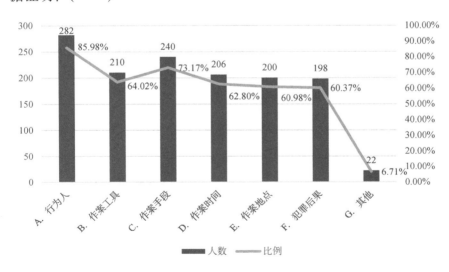

问题8　当前刑事案件中，法院对非法证据的审查是否充分？用数字1～5来描述这种充分程度，数值越高代表越充分。您会选择哪个数字？（　　　）

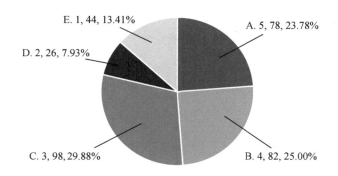

问题9 您认为，以下哪些属于孤证不得定案的情形？（ ）

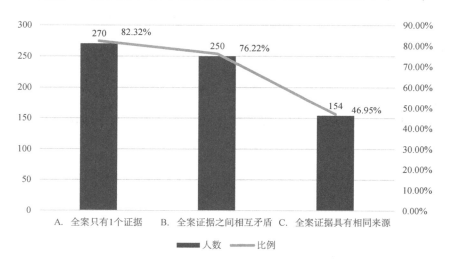

问题10 在一个故意伤害案件中，有 30 个人都目睹了作案过程，这 30 个证人都需要出庭作证吗？（ ）

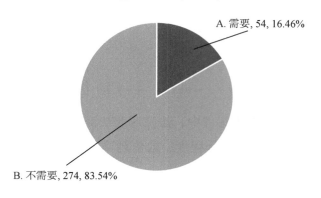

问题 11 接上一个问题，目击证人共 30 位，传唤几位出庭作证最为合适？（ ）

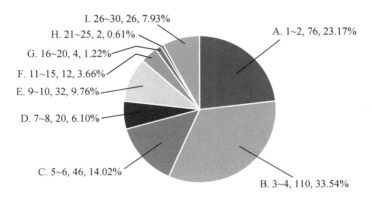

I. 26~30, 26, 7.93%
H. 21~25, 2, 0.61%
G. 16~20, 4, 1.22%
F. 11~15, 12, 3.66%
E. 9~10, 32, 9.76%
D. 7~8, 20, 6.10%
C. 5~6, 46, 14.02%
A. 1~2, 76, 23.17%
B. 3~4, 110, 33.54%

问题 12 甲乙二人一起入户盗窃，盗窃罪定罪的相关事实均有查证属实的证据证明，但关于作案时间，二人的分别供述中有一处矛盾——甲说二人是凌晨两点半爬进受害人家中，乙说二人是凌晨一点半爬进受害人家中。本案能否认定盗窃罪成立？（ ）

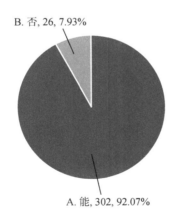

B. 否, 26, 7.93%

A. 能, 302, 92.07%

问题 13 犯罪嫌疑人的口供中提到甲在犯罪现场，侦查机关根据口供找到甲，询问甲案发过程的相关情况，并制作了询问笔录。这份询问笔录能否成为口供的补强证据？（ ）

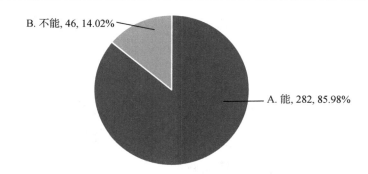

问题 14　甲涉嫌杀人，以下哪些证据材料可以成为定案证据？（　　）

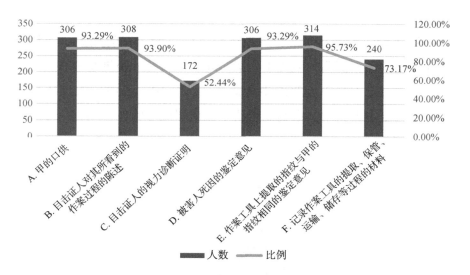

问题 15　证据材料 a 是犯罪现场提取的带有血渍的刀具，证据材料 b 显示该刀具的保管链条完整。a 和 b 是否相互印证？（　　）

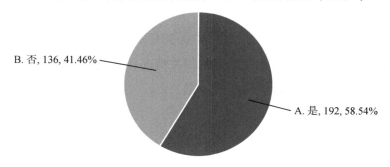

问题 16 假设在一个刑事案件中，有 60 个证明作用微弱的证据材料，能否据此认定犯罪成立？（ ）

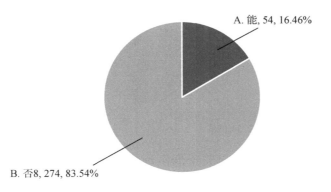

A. 能, 54, 16.46%

B. 否8, 274, 83.54%

问题 17 在您经办的刑事案件中，对于控方提交的有罪证据，控方是否同时主动提交证明这些有罪证据合法性、可靠性的证据材料？（ ）

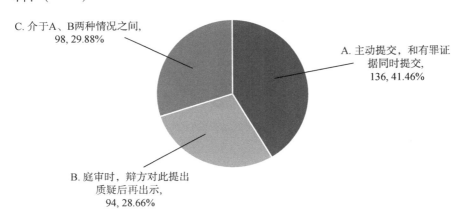

C. 介于A、B两种情况之间, 98, 29.88%

A. 主动提交，和有罪证据同时提交, 136, 41.46%

B. 庭审时，辩方对此提出质疑后再出示, 94, 28.66%

问题 18 您出具的或收到的刑事判决书中是否会对证据印证的情况进行分析？（ ）

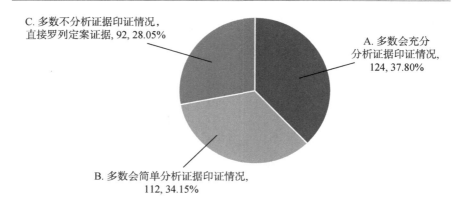

C. 多数不分析证据印证情况，直接罗列定案证据，92, 28.05%

A. 多数会充分分析证据印证情况，124, 37.80%

B. 多数会简单分析证据印证情况，112, 34.15%

问题 19　您认为，当前关于刑事证据印证规则的立法规定是否完备？（　　　）

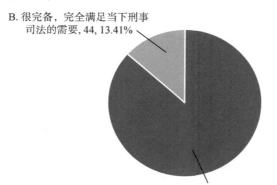

B. 很完备，完全满足当下刑事司法的需要，44, 13.41%

A. 尚不完备，需要更为细致的立法指引，284, 86.59%

二、62 份来自法院的样本的分类统计

问题 2　您在现单位的工作时间长达（　　　）年？

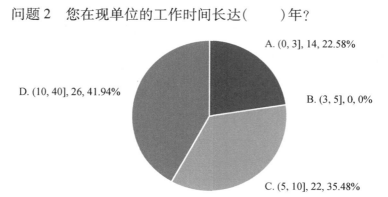

A. (0, 3], 14, 22.58%

D. (10, 40], 26, 41.94%

B. (3, 5], 0, 0%

C. (5, 10], 22, 35.48%

问题3　您认为，在刑事案件中，通常而言，至少要有（　　）个证据才能认定犯罪成立？

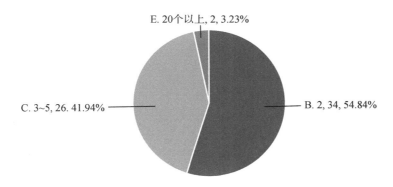

E. 20个以上, 2, 3.23%

C. 3~5, 26. 41.94%

B. 2, 34, 54.84%

问题4　被告人供述了持刀伤人的经过，目击证人说看到被告人持刀砍人。您认为，这两个证据材料是否相互印证？（　　　）

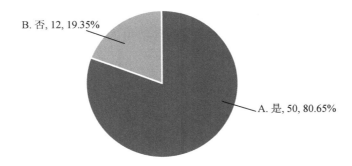

B. 否, 12, 19.35%

A. 是, 50, 80.65%

问题5　目击证人说看到被告人持刀砍人，警方在犯罪现场获取的作案刀具上提取到被告人的指纹。您认为，这两个证据材料是否相互印证？（　　）

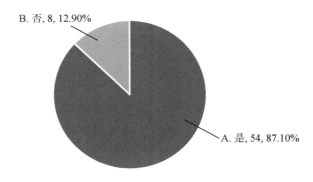

B. 否, 8, 12.90%

A. 是, 54, 87.10%

问题 6　您认为，在刑事案件中，哪类事实必须要有两个或两个以上证据证明，才能认定该事实成立？（　　）

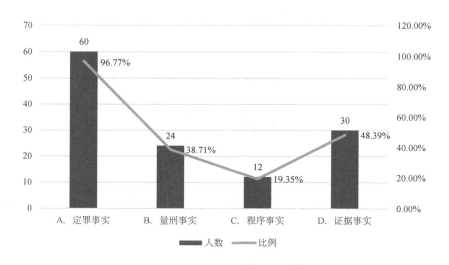

问题 7　您认为，以下哪些实体法事实必须有两个或两个以上证据证明？（　　）

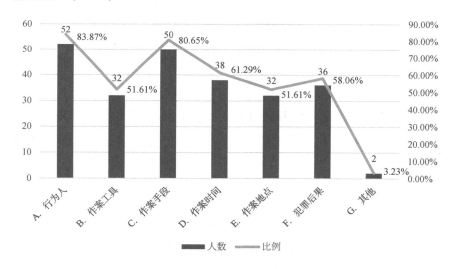

问题 8　当前刑事案件中，法院对非法证据的审查是否充分？用数字 1~5 来描述这种充分程度，数值越高代表越充分。您会选择哪个数字？（　　）

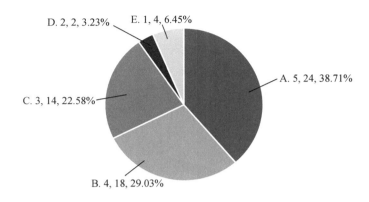

问题9 您认为，以下哪些属于孤证不得定案的情形？（　　　）

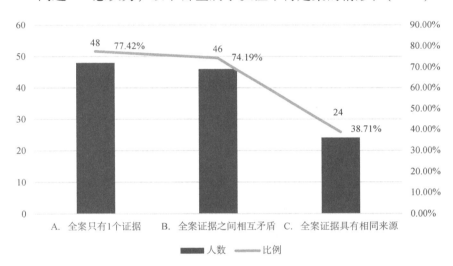

问题10 在一个故意伤害案件中，有30个人都目睹了作案过程，这30个证人都需要出庭作证吗？（　　　）

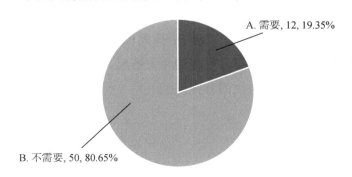

问题 11 接上一个问题，目击证人共 30 位，传唤几位出庭作证最为合适？（　　）

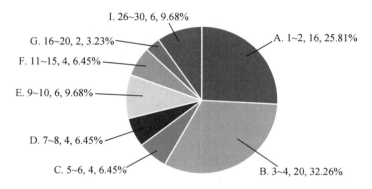

问题 12 甲乙二人一起入户盗窃，盗窃罪定罪的相关事实均有查证属实的证据证明，但关于作案时间，二人的分别供述中有一处矛盾——甲说二人是凌晨两点半爬进受害人家中，乙说二人是凌晨一点半爬进受害人家中。本案能否认定盗窃罪成立？（　　）

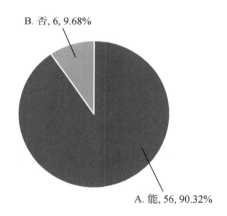

问题 13 犯罪嫌疑人的口供中提到甲在犯罪现场，侦查机关根据口供找到甲，询问甲案发过程的相关情况，并制作了询问笔录。这份询问笔录能否成为口供的补强证据？（　　）

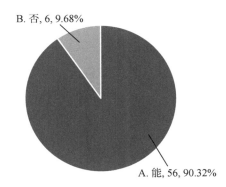

B. 否, 6, 9.68%

A. 能, 56, 90.32%

问题 14　甲涉嫌杀人，以下哪些证据材料可以成为定案证据？（　　）

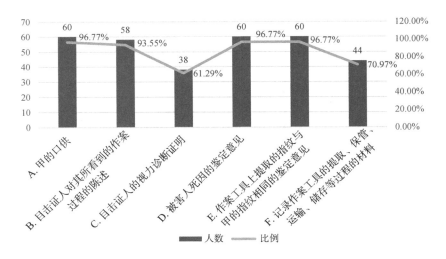

问题 15　证据材料 a 是犯罪现场提取的带有血渍的刀具，证据材料 b 显示该刀具的保管链条完整。a 和 b 是否相互印证？（　　）

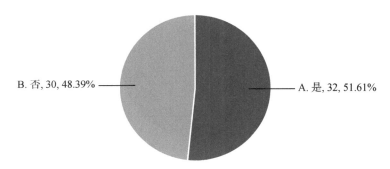

B. 否, 30, 48.39%　　A. 是, 32, 51.61%

问题 16　假设在一个刑事案件中，有 60 个证明作用微弱的证据材料，能否据此认定犯罪成立？（　　　）

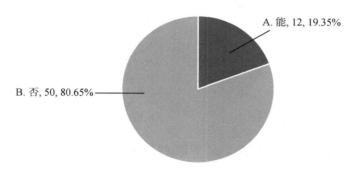

问题 17　在您经办的刑事案件中，对于控方提交的有罪证据，控方是否同时主动提交证明这些有罪证据合法性、可靠性的证据材料？（　　　）

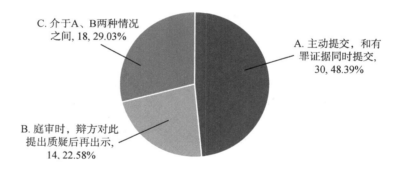

问题 18　您出具的或收到的刑事判决书中是否会对证据印证的情况进行分析？（　　　）

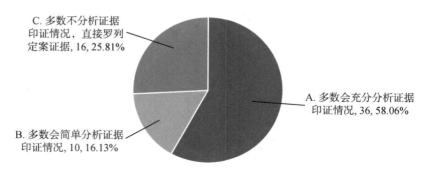

问题 19　您认为，当前关于刑事证据印证规则的立法规定是否完备？（　　）

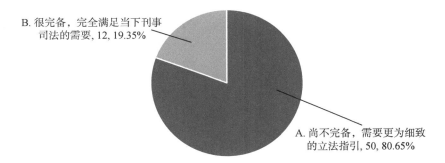

B. 很完备，完全满足当下刑事司法的需要, 12, 19.35%

A. 尚不完备，需要更为细致的立法指引, 50, 80.65%

三、150 份来自检察院的样本的分类统计

问题 2　您在现单位的工作时间长达（　　）年？

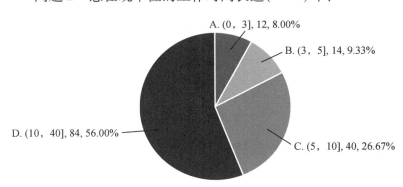

A. (0，3], 12, 8.00%

B. (3，5], 14, 9.33%

C. (5，10], 40, 26.67%

D. (10，40], 84, 56.00%

问题 3　您认为，在刑事案件中，通常而言，至少要有（　　）个证据才能认定犯罪成立？

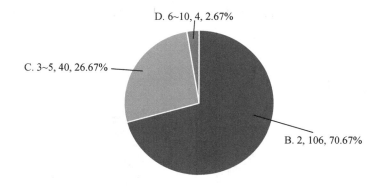

D. 6~10, 4, 2.67%

C. 3~5, 40, 26.67%

B. 2, 106, 70.67%

问题4　被告人供述了持刀伤人的经过，目击证人说看到被告人持刀砍人。您认为，这两个证据材料是否相互印证？（　　）

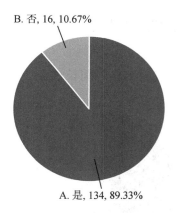

B. 否, 16, 10.67%

A. 是, 134, 89.33%

问题5　目击证人说看到被告人持刀砍人，警方在犯罪现场获取的作案刀具上提取到被告人的指纹。您认为，这两个证据材料是否相互印证？（　　）

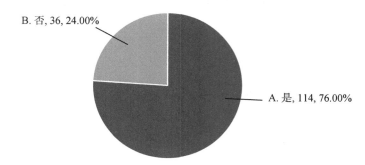

B. 否, 36, 24.00%

A. 是, 114, 76.00%

问题 6　您认为，在刑事案件中，哪类事实必须要有两个或两个以上证据证明，才能认定该事实成立？（　　　）

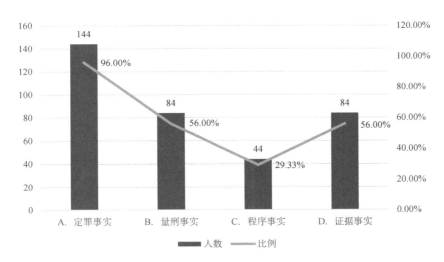

问题 7　您认为，以下哪些实体法事实必须有两个或两个以上证据证明？（　　　）

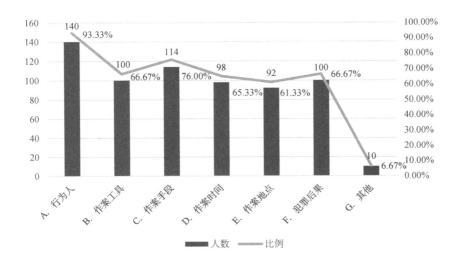

问题 8　当前刑事案件中，法院对非法证据的审查是否充分？用数字 1～5 来描述这种充分程度，数值越高代表越充分。您会选择哪个数字？（　　　）

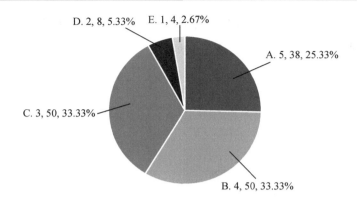

问题 9　您认为，以下哪些属于孤证不得定案的情形有？（　　　）

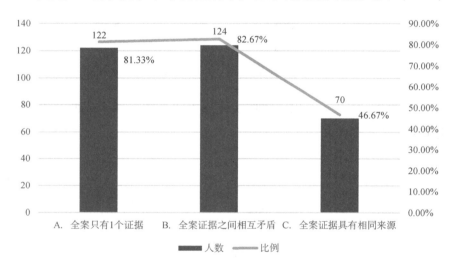

问题 10　在一个故意伤害案件中，有 30 个人都目睹了作案过程，这 30 个证人都需要出庭作证吗？（　　　）

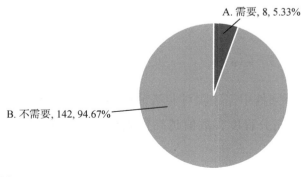

问题 11　接上一个问题，目击证人共 30 位，传唤几位出庭作证最为合适？（　　）

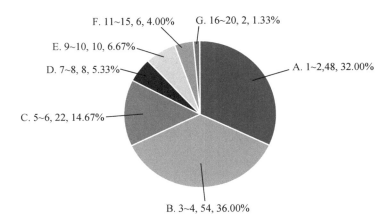

F. 11~15, 6, 4.00%　　G. 16~20, 2, 1.33%
E. 9~10, 10, 6.67%
D. 7~8, 8, 5.33%
A. 1~2, 48, 32.00%
C. 5~6, 22, 14.67%
B. 3~4, 54, 36.00%

问题 12　甲乙二人一起入户盗窃，盗窃罪定罪的相关事实均有查证属实的证据证明，但关于作案时间，二人的分别供述中有一处矛盾——甲说二人是凌晨两点半爬进受害人家中，乙说二人是凌晨一点半爬进受害人家中。本案能否认定盗窃罪成立？（　　）

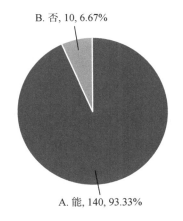

B. 否, 10, 6.67%

A. 能, 140, 93.33%

问题 13　犯罪嫌疑人的口供中提到甲在犯罪现场，侦查机关根据口供找到甲，询问甲案发过程的相关情况，并制作了询问笔录。这份询问笔录能否成为口供的补强证据？（　　）

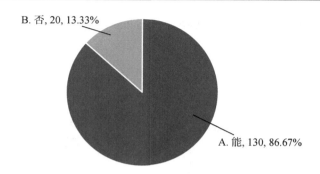

问题 14　甲涉嫌杀人，以下哪些证据材料可以成为定案证据？（　　）

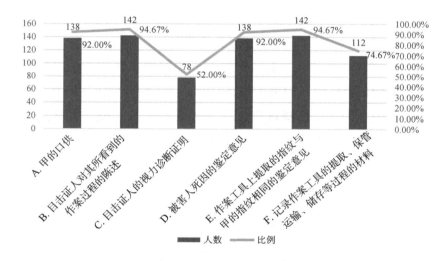

问题 15　证据材料 a 是犯罪现场提取的带有血渍的刀具，证据材料 b 显示该刀具的保管链条完整。a 和 b 是否相互印证？（　　）

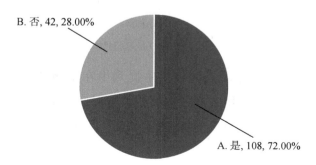

问题 16　假设在一个刑事案件中，有 60 个证明作用微弱的证据材料，能否据此认定犯罪成立？（　　）

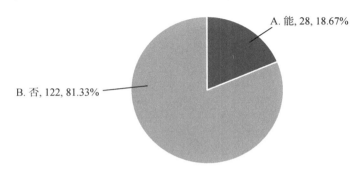

A. 能, 28, 18.67%

B. 否, 122, 81.33%

问题 17　在您经办的刑事案件中，对于控方提交的有罪证据，控方是否同时主动提交证明这些有罪证据合法性、可靠性的证据材料？（　　）

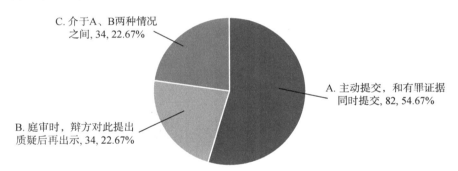

C. 介于A、B两种情况之间, 34, 22.67%

A. 主动提交，和有罪证据同时提交, 82, 54.67%

B. 庭审时，辩方对此提出质疑后再出示, 34, 22.67%

问题 18　您出具的或收到的刑事判决书中是否会对证据印证的情况进行分析？（　　）

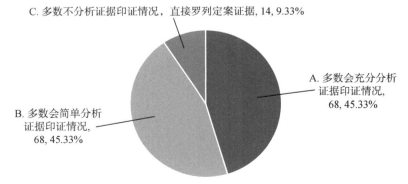

C. 多数不分析证据印证情况，直接罗列定案证据, 14, 9.33%

A. 多数会充分分析证据印证情况, 68, 45.33%

B. 多数会简单分析证据印证情况, 68, 45.33%

问题 19　您认为，当前关于刑事证据印证规则的立法规定是否完备？（　　）

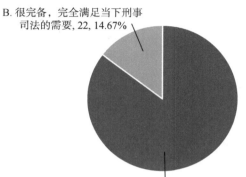

B. 很完备，完全满足当下刑事
司法的需要, 22, 14.67%

A. 尚不完备，需要更为细致的立法指引, 128, 85.33%

四、116 份来自律师事务所的样本的分类统计

问题 2　您在现单位的工作时间长达（　　）年？

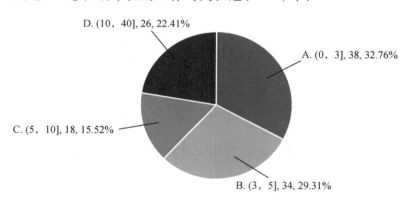

D. (10，40], 26, 22.41%

A. (0，3], 38, 32.76%

C. (5，10], 18, 15.52%

B. (3，5], 34, 29.31%

问题 3　您认为，在刑事案件中，通常而言，至少要有（　　）个证据才能认定犯罪成立？

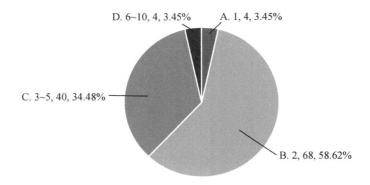

问题4 被告人供述了持刀伤人的经过，目击证人说看到被告人持刀砍人。您认为，这两个证据材料是否相互印证？（ ）

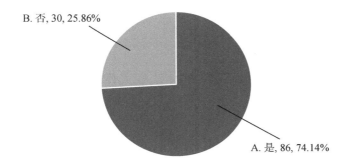

问题5 目击证人说看到被告人持刀砍人，警方在犯罪现场获取的作案刀具上提取到被告人的指纹。您认为，这两个证据材料是否相互印证？（ ）

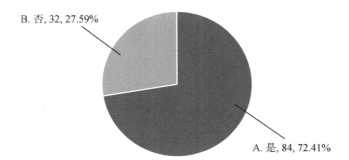

问题6 您认为，在刑事案件中，哪类事实必须要有两个或两个以上证据证明，才能认定该事实成立？（　　）

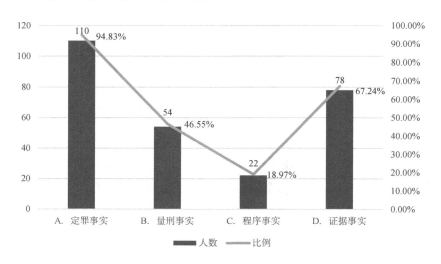

问题7 您认为，以下哪些实体法事实必须有两个或两个以上证据证明？（　　）

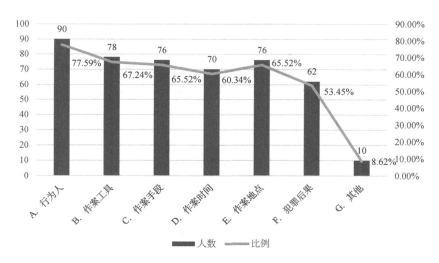

问题8 当前刑事案件中，法院对非法证据的审查是否充分？用数字1~5来描述这种充分程度，数值越高代表越充分。您会选择哪个数字？（　　）

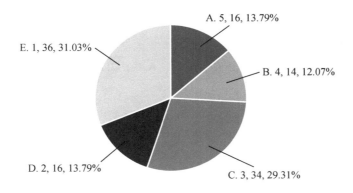

问题 9　您认为，以下哪些属于孤证不得定案的情形？（　　　）

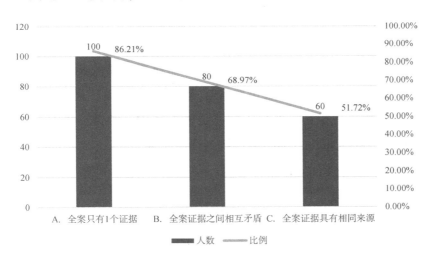

问题 10　在一个故意伤害案件中，有 30 个人都目睹了作案过程，这 30 个证人都需要出庭作证吗？（　　　）

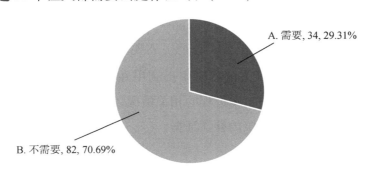

问题 11　接上一个问题，目击证人共 30 位，传唤几位出庭作证最为合适？（　　）

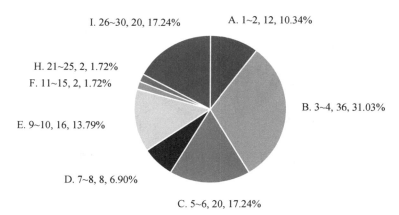

I. 26~30, 20, 17.24%　　　A. 1~2, 12, 10.34%

H. 21~25, 2, 1.72%
F. 11~15, 2, 1.72%

E. 9~10, 16, 13.79%

B. 3~4, 36, 31.03%

D. 7~8, 8, 6.90%

C. 5~6, 20, 17.24%

问题 12　甲乙二人一起入户盗窃，盗窃罪定罪的相关事实均有查证属实的证据证明，但关于作案时间，二人的分别供述中有一处矛盾——甲说二人是凌晨两点半爬进受害人家中，乙说二人是凌晨一点半爬进受害人家中。本案能否认定盗窃罪成立？（　　）

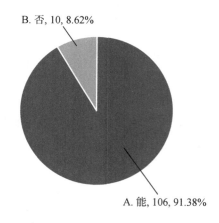

B. 否, 10, 8.62%

A. 能, 106, 91.38%

问题 13　犯罪嫌疑人的口供中提到甲在犯罪现场，侦查机关根据口供找到甲，询问甲案发过程的相关情况，并制作了询问笔录。这份询问笔录能否成为口供的补强证据？（　　）

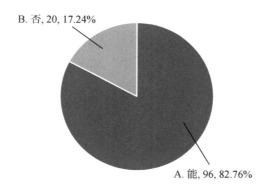

B. 否, 20, 17.24%

A. 能, 96, 82.76%

问题 14　甲涉嫌杀人，以下哪些证据材料可以成为定案证据？（　　）

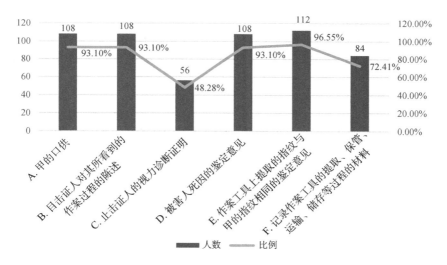

问题 15　证据材料 a 是犯罪现场提取的带有血渍的刀具，证据材料 b 显示该刀具的保管链条完整。a 和 b 是否相互印证？（　　）

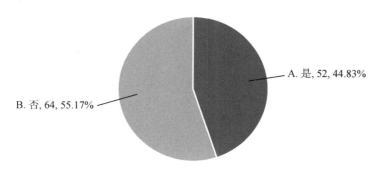

A. 是, 52, 44.83%

B. 否, 64, 55.17%

问题 16　假设在一个刑事案件中，有 60 个证明作用微弱的证据材料，能否据此认定犯罪成立？（　　）

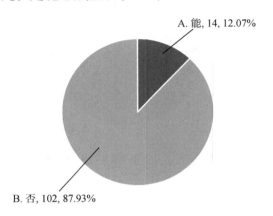

A. 能, 14, 12.07%

B. 否, 102, 87.93%

问题 17　在您经办的刑事案件中，对于控方提交的有罪证据，控方是否同时主动提交证明这些有罪证据合法性、可靠性的证据材料？（　　）

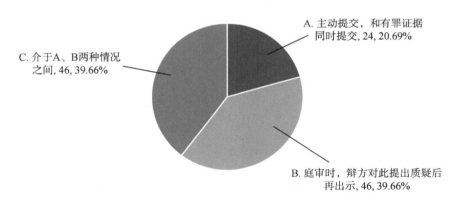

C. 介于A、B两种情况之间, 46, 39.66%

A. 主动提交，和有罪证据同时提交, 24, 20.69%

B. 庭审时，辩方对此提出质疑后再出示, 46, 39.66%

问题 18　您出具的或收到的刑事判决书中是否会对证据印证的情况进行分析？（　　）

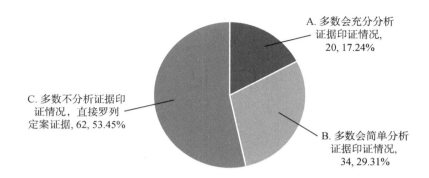

问题19　您认为，当前关于刑事证据印证规则的立法规定是否完备?（　　）

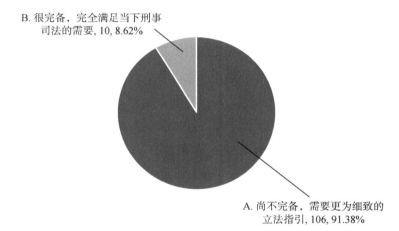

后 记

六年前，第一次来到江湾校园时，正值春日傍晚。落日余晖之下，波光粼粼的湖面和绿油油的草场相接，画面格外祥和、柔美。当时就想着，有朝一日能在这里学习和思考，是多么令人欣喜的事情呀！当时的我，一定想不到后来的自己正是在这里跟随马贵翔教授开启颇有趣味的证据法学的探索之路。

回忆往昔，能进入马贵翔教授门下攻读博士学位，是我三十年人生里的一大幸事。恩师严于律己、宽以待人，学术造诣深厚，总能循循善诱，引导我拓展思考的深度和广度，通过言传身教，教导我保持谦逊、不断钻研、不随意下论断，这让我受益颇深，铭记至今。逻辑思维能力和独立思考能力得到锻炼和提升，是我跟随马老师学习后的一大收获。除此之外，在共同探讨法律现象和社会问题时，总能感受到马老师作为一个法治理想的追求者所具备的兼济天下、心怀苍生的胸襟，让我明白法律人应时刻怀揣对弱势群体的同理心和共情力，无论身居何位、身处何处都应秉持对公平正义的关切和敬畏之心。

郑重地致敬我的另一位恩师，我读硕时的导师杨建广教授！杨老师是在我读博之前的人生中对我影响最大的人，不仅给我学术上的指引和启迪，激发我对学术研究的兴趣，还在潜移默化中教诲我要成为一个不忘初心、通时合变、秉持法律信仰、诚挚厚道、推己及人之人。在我读博阶段，杨老师亦不时鼓励我，让我坚信越努力则越幸运，持之以恒者，终有拨云见日之时。

一路走来，有过彷徨，也有和老师、同学、学生共同探讨学术问题时迸发出思想火花的喜悦。这是一个苦乐交织的过程，也是对自身思维能力、情绪管理能力和心态调控能力的历练过程。恩师们孜孜不倦，让我受益至今！感谢学校提供了丰富的学术资源和良好的治学环境，感谢湖南大学法学院、湖南大学司法与证据科学研究中心谢佑平教授等老师的悉心指点和鼓励。

弗兰克·郝伯特曾说："在我们了解什么是生命之前，已将它消磨了一半。"每每思之，颇为慨叹。于我而言，无论是学术训练，还是待人处事，在我意识到本可以做得更好时，却日月既往，不可复追。东隅已逝，桑榆非晚，希望未来的自己可以成为一个精神上富足的人，在回首往事时，不因虚度年华而悔恨，不因碌碌无为而羞愧。愿同行的学人师友都保持朝气、定力和信仰，目之所及皆是阳光。

林　婧

2024 年 1 月于岳麓山